Werner Schneider

12 Feindfahrten

Als Funker auf U-431, U-410 und U-371 im Atlantik und im Mittelmeer

Bibliografische Information der Deutschen Nationalbibliothek
Die Deutsche Nationalbibliothek verzeichnet diese Publikation in der Deutschen Nationalbibliografie; detaillierte bibliografische Daten sind im Internet über dnb.d-nb.de abrufbar.

© 2006 Germania-Verlag
Postfach 10 11 17, D-69451 Weinheim
www.Germania-Verlag.de

Alle Fotos aus dem Archiv des Verfassers.
Alle Rechte vorbehalten.

Herstellung: Books on Demand GmbH, Norderstedt

ISBN 978-3-934871-05-2

Inhalt

Meine Kindheit 5
Blutige Ostern 1930 in Leipzig 17
Die nationale Revolution 21
Das Dritte Reich 25
Die Kriegsmarine ruft 33
Zur U-Bootwaffe 40
Auf U-Tender „Isar" 47
Mein erster Fronturlaub 50
Baubelehrung auf „U-431" 52
Die erste Feindfahrt 56
Mein zweiter Fronturlaub 60
Zweite Feindfahrt: Versenkung des Dampfers „Hatasu" 61
Die „Mariza-Bar" in La Baule 63
Die dritte Feindfahrt: Im Mittelmeer 65
Schöne Urlaubstage mit Anita 69
Die vierte Feindfahrt: Tobruk 72
Die fünfte Feindfahrt 77
Dönitz kommt! 80
Wiedersehen mit Anita und Tante Dorle 82
Die sechste Feindfahrt: In großer Gefahr 84
Die siebte Feindfahrt: Wilde Jagd 90
Drei Wochen Heimaturlaub 93
Die achte Feindfahrt: Ohne Feindberührung 95
Die neunte Feindfahrt: Es wird wieder spannend! 96
Die zehnte Feindfahrt: Algier 99
Abschied von „U-431" 106
Heimaturlaub 107
Zurück nach Pola und La Spezia 110
Funkmaatenlehrgang auf der MNS Mürwik 113
„U-410" – Neues Boot, neues Glück? 116
Elfte Feindfahrt: Versenkung des Kreuzers „Penelope" 118
Bombenangriff auf Toulon 123
Noch einmal Urlaub 124
Meine zwölfte und letzte Feindfahrt mit „U-371" 126
Versenkt! 139
Gerettet, aber gefangen... 141
Über Algier nach Amerika 144
Im „POW Camp McCain" in Mississippi 149
Meine Flucht aus dem Lager 152
Wieder eingefangen! 155
Umerziehung und Schikane im „Camp Elkas" 159

Die Repatriierung..162
Dokumente meiner Kriegsgefangenschaft 170
Nachwort 174
Danksagungen..176

Meine Kindheit

Eine Weltumwälzung bis dahin ungekannten Ausmaßes hatte der sogenannte Erste Weltkrieg von 1914 bis 1918 mit sich gebracht. Leidtragende waren alle daran beteiligten Völker, insbesondere aber die Verlierer: das Deutsche Volk und seine Verbündeten.

Am 28. Juni 1919 unterzeichneten Woodrow Wilson für die USA, Lloyd George für Großbritannien (samt Dominions), Georges Clemenceau für Frankreich, Sidney Sonnino für das allzeit siegreiche Italien und für das geschlagene Deutschland Außenminister Hermann Müller (SPD) sowie Reichsverkehrsminister Dr. Johannes Bell (Zentrum) im Spiegelsaal des Schlosses von Versailles bei Paris, in dem am 18. Januar 1871 die Gründung des Deutschen Kaiserreiches proklamiert worden war, den sogenannten „Friedensvertrag von Versailles". Dieses Vertragswerk war von Grund auf darauf angelegt, einen wirklichen Frieden unter den Völkern Europas unmöglich zu machen und den nächsten Krieg mit Sicherheit herbeizuführen. Und es war der Grund, warum die weitere Zukunft für Deutschland so und nicht anders verlief.

Der verlorene Erste Weltkrieg wirkte sich direkt und indirekt auch auf meine Entwicklung aus. Direkt, als ich durch die von England gegen Deutschland verhängte Hungerblockade in meinem ersten Lebensjahr unter Rachitis zu leiden hatte. Indirekt, indem ich durch eine perfide Feindpropaganda als „kriegslüsterner Hunne" abgestempelt wurde. – Nun, meine Mutter könnte bezeugen, daß ich am 11. Juli 1919 in der Frauenklinik zu Leipzig nicht mit umgehängtem Gewehr zur Welt kam, um die ganze Welt zu erobern. Die Geburt war völlig normal verlaufen und mein Gewicht betrug neun Pfund.

Wahrscheinlich war oben erwähnte Rachitis, welcher damals viele Kinder zum Opfer fielen, der eigentliche Grund, weshalb meine Eltern, als ich ein Jahr alt war, mit mir von Leipzig-Stötteritz nach Bad Brambach im Vogtland zogen. Tatsächlich hatte ich mich in der gesunden Land- und Waldluft und bei besserer Ernährung gut erholt. Ich war großwüchsig und meinem Alter entsprechend bei guten Kräften. Ich kann mich heute noch sehr genau erinnern, wie ich zur weiteren Gesunderhaltung von meiner Mutter zum Massieren gebracht wurde. Während der acht Jahre unseres Aufenthaltes in Bad Brambach hatte ich nur die Masern und gelegentlich eine Erkältung gehabt.

Besonders die waldreiche Umgebung übte stets eine große Anziehungskraft auf mich aus. Wenn ich heute daran zurückdenke, muß ich mich wundern, daß meine Eltern mich oft stundenlang mit dem Hund in den Wäldern umherstreifen ließen, ohne besorgt zu sein.

Phantasiereiche Vorstellungen, wahrscheinlich durch Märchenerzählungen hervorgerufen, ließen mir die Natur wie ein Zauberreich erscheinen. Oft rannte ich längere Strecken mit dem Hund und sprang dabei über zahlreiche Hindernisse, was wohl beizeiten meine Ausdauer förderte. Eine noch lebhafte Erinnerung habe ich behalten: Als kleiner Junge war ich auf dem Rückweg vom Feldpöhl, einem Vorort von Brambach, nach starkem Regenguß an eine überschwemmte Stelle gekommen. Nun stand ich da längere Zeit hilflos und beängstigt, bis endlich ein Mann mich entdeckte und mich, zur Erleichterung meiner Eltern, zu Hause ablieferte.

Zur Geschichte Bad Brambachs erfahren wir aus dem „Heimatbuch Bad Brambach und Umgebung": *„Die Völker Europas, eisenbewehrt, stehen im Kampf gegeneinander: Kelten, Römer, Germanen, Markomannen, Slawen bewegen sich über das von unserem Berg beherrschte Gebiet – bis der Rückschlag erfolgt und die deutschen Bauern mit eisernem Pfluge die Landschaft zu neuer Kulturblüte emporführen. Bad Brambach erscheint im Jahre 1154 als erster deutscher Ort im oberen Vogtlande."*

Hier erfahren wir auch, daß die mineralischen Quellen in der Gegend von Brambach seit nunmehr über 200 Jahren bekannt sind. Verschiedene Quellen, die unter Namen wie Wiesenquelle, Fischerquelle, Grenzquelle, Schillerquelle, Wettinquelle und Eisenquelle bekannt wurden, wiesen einen besonders hohen Radiumemanationsgehalt auf und hatten damit einen hohen therapeutischen Heilfaktor für viele Krankheiten. Sie zeichneten sich neben ihrem Gehalt an Kohlensäure und Mineralsalzen auch durch Wohlgeschmack aus.

In den 1920er Jahren, also zur Zeit unseres Aufenthaltes, wurde der Kurbetrieb weiter ausgebaut und die Zahl der Kurgäste wuchs von 700 im Jahr 1924 auf über 3.000 im Jahr 1927 an. Mein Vater betrieb ein Kolonialwarengeschäft, welches in den ersten Jahren gut florierte. Ein besonderes Angebot hatte er mit Obst und Südfrüchten. Unser Geschäft war nur fünf Minuten von unserer Wohnung entfernt. Abends nach Geschäftsschluß wurden immer einige Sachen auf einem Wagen mit nach Hause genommen.

Nicht zuletzt durch unser Geschäft hatten meine Eltern besondere Beziehungen zu Kurgästen aus England, und mein Vater erzählte mir gelegentlich davon. So wußte ich beispielsweise als Knirps, noch bevor ich zur Schule ging, was *„Five o'clock Tea"* auf deutsch hieß und, was mir imponierte, daß es in England zum Frühstück *„Ham and Eggs"* gab.

Zurückblickend kann ich sagen, daß es bei mir nie zu einer Verbindung kam zwischen dem, was ich allmählich durch Geschichtsunterricht und Politik z.B. über England und Frankreich erfuhr, und den rein menschlichen Begegnungen mit Engländern und Franzosen. Und das bis zum heutigen Tage.

Mein Großvater Melchior Theodor Max Schneider
(geb. 03.10.1864, gest. 13.08.1934) als Offiziersaspirant
beim 1. Gardegrenadierregiment Kaiser Alexander

Mein Vater Ludwig Melchior Karl Schneider
(geb. 16.08.1890, gest. 19.03.1931) war im Ersten Weltkrieg
bei einem Ulanen-Regiment

Mein Vater Ludwig Melchior Karl Schneider
und ich, Max Werner Schneider (um 1921)

Meine Mutter Erna Schneider

Werner Schneider, der Verfasser dieses Buches

Ostern 1926 kam ich in die Volksschule in Bad Brambach. Wir waren eine gemischte Klasse. Vom Katheder aus gesehen, saßen wir Jungen zur rechten und die Mädchen zur linken Seite des Klassenzimmers hin. Ich hatte keinerlei Schwierigkeiten, und meine Eltern konnten mit meinen Fortschritten, besonders im Lesen, zufrieden sein.

Bad Brambach liegt im südlichen Zipfel des Vogtlandes und war auf westlicher und südlicher Seite zur Tschechoslowakei hin begrenzt. In südöstlicher Richtung lag der kleine Industrieort Fleissen und im Westen, in 13 Kilometern Entfernung, die Stadt Asch in Böhmen. Beide Orte waren überwiegend deutschsprachig, da sie ja erst auf Grund des Versailler Vertrags der neugegründeten Tschechoslowakei zugeschlagen worden waren.

Mein Großvater väterlicherseits hatte mit einem Herrn Künzel die Firma „Künzel und Schneider, Fabrik für Wirk- und Strickwaren" gegründet und zu ansehnlicher Größe gebracht, wobei Herr Künzel der Geldgeber und mein Großvater der technische Leiter der Fabrik war.

Der Grenzübergang von Brambach nach Asch bot keine Schwierigkeiten im Grenzverkehr. Ich kann mich nur noch an einen tschechischen Beamten erinnern, der an der Grenze ein Haus hatte mit einem Büro, und immer konnten wir daran vorbeilaufen, ohne behindert zu werden. Solange es mein Körpergewicht zuließ, nahm mich mein Vater auf seinem Fahrrad mit nach Asch. So kam ich in den Genuß, mich ohne Anstrengung an der Landschaft erfreuen zu können.

Ein eigenes Haus hatte mein Großvater damals noch nicht. In der Selber Straße bewohnte er mit meiner Großmutter Anna zwei Stockwerke eines Wohnhauses. Für meine damaligen Begriffe war die Wohnung beeindruckend ausgestattet: Beim Eintreten im ersten Stock fiel ein großer Spiegel ins Auge. Die linke Seite daneben diente zur Kleiderablage, während zur rechten die Jagdgewehre griffbereit zum Jagdvergnügen hingen.

Links im Flur schloß sich das Jagdzimmer an, welches mit Jagdtrophäen und anderen Andenken geschmückt war. In diesem Zimmer war uns Kindern der Aufenthalt nicht gestattet. Als ich doch einmal eines Tages nicht widerstehen konnte und mich ins Jagdzimmer schlich, um all die interessanten Gegenstände näher zu betrachten, war mir ein kleiner Bär aus der Hand gefallen und zerbrochen. Natürlich gab es ein Donnerwetter, als der Großvater nach Hause kam. Aber bezeichnend für seine verzeihliche Art war, daß er mir am nächsten Morgen freundlich einen Geldschein für einen Kinobesuch gab. Als ich ihm danach artig das Wechselgeld zurückgeben wollte, belehrte er mich: *„Was man einmal geschenkt bekommen hat, soll man auch behalten!"*

Ein Balkon bot uns die Aussicht auf die Selber Straße und auf eine gegenüberliegende Villa mit Garten. Zur Fabrik gehörte auch ein großer Opel mit Chauffeur sowie eine Pferdekutsche mit Kutscher. Beide konnten, je nach Bedarf, für Geschäftsreisen oder Sonntagsausflüge genutzt werden. Wenn also ein Sonntagsausflug angekündigt worden war, dann standen wir schon eine Zeitlang vorher auf dem Balkon und warteten gespannt auf die Ankunft des zur Verfügung stehenden Fahrzeugs.

Das an das Eßzimmer anschließende Eckzimmer war als Veranda eingerichtet und wurde von uns Kindern gern als Spielzimmer benutzt. Das Dienstpersonal nutzte es zum Bügeln und Nähen. Mit großen Eckfenstern bot uns die Veranda bei schönem Wetter eine großartige Aussicht, nach meiner Erinnerung sogar bis ins Fichtelgebirge.

Die Küche, welche abschließend die andere Seite des Flurs begrenzte, erweckte unsere Neugier vor allem durch eine Speisekammer. Hier zeigte Großmama uns gelegentlich ein paar Kostbarkeiten, die sie für den Mittagstisch zubereitet hatte. Sogar eine Maschine zum Zubereiten von Speiseeis war vorhanden. Das Blockeis dazu wurde von einer kleinen Fabrik, die nur ein paar Häuser entfernt war, geholt.

Etwa 100 bis 150 Meter entfernt hatte mein Großvater einen großen Garten angelegt, wo wir uns nach Herzenslust austoben konnten. Gleich links am Eingang war ein Schuppen mit all den Gartengeräten, die dem Gärtner zur Verfügung standen. Gut 50 Meter weiter unten stand ein Gartenhäuschen, wo gelegentlich bei schönem Wetter das Abendessen aufgetragen wurde. Das Essen dazu trug meine Großmutter stets selbst in zwei großen Taschen.

Natürlich hatte diese völlig andere Umgebung, wie ich sie von Brambach her nicht kannte, einen sehr positiven Eindruck auf mich gemacht, so daß ich auch in späteren Jahren stets gut erholt nach Hause zurückkehrte.

In Bad Brambach bewohnten wir zwei Zimmer in einem ehemaligen Schloß. In diesem Schloß waren drei Wohnungen eingerichtet, die restlichen Räumlichkeiten waren für die Landwirtschaft und eine anerkannt gute Brauerei reserviert. Zu meiner Freude sorgten der vorhandene Hühnerstall, Kuhstall und Pferdestall für reichlich Abwechslung.

Die hinteren großen Räume des langen Gebäudes waren zur Lagerung von Getreide bestimmt. Leider übten diese damit auch eine große Anziehungskraft auf Ratten und Mäuse aus. Äußerst aufregend war es deshalb immer, wenn das Getreide gedroschen wurde. Dann kam all das Ungeziefer zum Vorschein, und es wurden dafür jedesmal ein oder zwei Foxterrier ausgeliehen, welche ein wahres Blutbad unter den unerwünschten Säugern anrichteten. Sie selbst waren danach ganz blutverschmiert und bluteten auch aus einigen Wunden. Wahrlich kein erhebender Anblick für uns Kinder, aber dennoch waren wir nicht sonderlich beeindruckt davon. In unseren Wohnräumen hatten wir glücklicherweise keine Probleme mit Ungeziefer.

Zwischen unserer Wohnung und der Tenne hatte der Braumeister, der mit seiner Familie aus München zugezogen war, Quartier bezogen. Sein Sohn kam mit mir in die gleiche Volksschulklasse.

Die ganze Familie, einschließlich seiner älteren Schwester, sprach natürlich mit bayrischem Akzent, was aber nicht sehr unterschiedlich vom Brambacher Dialekt war, denn dieser war mehr mit dem oberfränkischen Dialekt verwandt, und obwohl Brambach zu Sachsen gehörte, hatte der Dialekt keine Ähnlichkeit mit dem Sächsischen. Die Brambacher, zum Beispiel, rollten das harte Zungen-"R", während schon in Bad Elster, nur 13 Kilometer entfernt, das weiche Gaumen-"R" gesprochen wurde. Auch östlich davon, zum Erzgebirge hin, wurde bereits wieder ein typisch erzgebirglerischer Dialekt gesprochen. In der Schule aber wurden wir zu gutem Hochdeutsch erzogen, was mir später in Leipzig zustatten kam, wo in den Schulzeugnissen mein *"Sprachlicher Ausdruck"* stets mit *"sehr gut"* beurteilt wurde.

Zu jener Zeit war auch der maschinelle Teil der Brauerei überholt worden und wir konnten mit unseren neugierigen Kinderaugen die meist mit blauem Anstrich versehenen funkelnden Kessel bestaunen. Auch durften wir als besondere Belohnung einmal aus einer kleinen Schüssel frisch gebrautes Bier schlürfen.

Eine engere Freundschaft verband mich mit einem ein Jahr älteren Jungen. Er hieß Erich Bauer und bewohnte mit seinen Eltern und Geschwistern ein kleines gemütliches Wohnhaus, welches nur durch einen Wassergraben von dem Brauereigrundstück getrennt war. Meine Freundschaft mit Erich hielt trotz vieler zeitlicher Unterbrechungen bis in die 1950er Jahre. Dann erhielt ich plötzlich keine Nachricht mehr von ihm. Wie er mir einmal geschrieben hatte, war er bei Kriegsende zu dem Sonderkommando von Eva Brauns Schwager Hermann Fegelein kommandiert worden. Einzelheiten darüber hatte er mir nie berichtet, nur daß er sich nach Kriegsende nach Spanien abgesetzt hatte.

Die Lebensverhältnisse in Bad Brambach waren wenig aufregend. Abwechslung gab es nur bei kleineren Festlichkeiten, wenn das beliebte Getränk aus Gerste, Hopfen und Hefe aus den Bierhähnen der Gastwirtschaften floß. Besonders aufregend für mich war, als mein Vater bei der Verlosung anläßlich einer Geflügelausstellung eine Gans gewonnen hatte.

Nachhaltig blieb meine Erinnerung an den Kriegerverein, dessen Angehörige zum Begräbnis eines Kameraden mit Musik zum Friedhof marschierten und nach Beendigung der Predigt über das Grab schossen. Danach ging es im strammen Marsch zur Gastwirtschaft. Dort wurde es dann nach einiger Zeit immer lauter, weil man so viele Erinnerungen auszutauschen hatte.

Mein Vater war daran nicht beteiligt. Er hatte im Krieg bei den Ulanen gedient. Seine Gesinnung war vaterländisch, wie bei allen Verwandten des Schneider'schen Familienstammes, soweit ich sie kennenlernte. So kam es auch, daß er die Bad Brambacher Ortsgruppe der „Reichsflagge" gründete, eine jener Organisationen der Nachkriegszeit, und sich nachhaltig dafür einsetzte. Bei gelegentlichen Festlichkeiten marschierte er mit seiner Gruppe in feldgrauer Uniform in den Umzügen mit.

Daß es auch zu auswärtigen Versammlungen kam, erfuhr ich an einem Abend, als wir Besuch von zwei seiner Kameraden hatten. In Erinnerung ist mir geblieben, wie einer der Herren auf die Frage meiner Mutter bezüglich einer Kundgebung antwortete: *„Ja ja, Frau Schneider, da hat es blutige Köpfe gegeben!"* – Die Vorstellung, was sich da wohl alles ereignet hatte, haben meine Phantasie stark beflügelt, und ich habe diese Worte nie vergessen.

Eine Abwechslung bot uns Kindern der Besuch des ehemaligen Königs von Sachsen. Da er in Zivil war, beachteten wir ihn nicht, als er am Marktplatz aus dem Auto stieg, sondern bestaunten nur die schmucke Uniform seines Leibjägers. Beim Besuch der Brambacher Sprudelfabrik soll er nach einer Kostprobe gesagt haben: *„Schmeckt ganz gut, aber ein Glas Bier ist mir lieber."*

Politisch kennzeichnend für die damalige Lage fand ich die Tatsache, daß der seinerzeit vieldiskutierte Locarno-Pakt zwischen Belgien, Deutschland, Frankreich, Großbritannien, Italien, Polen und der Tschechoslowakei im Grunde genommen nur eine Bestätigung des Versailler Vertrags war.

Dieter Vollmer berichtet darüber in seinem Buch „Politisches Geschehen des XX. Jahrhunderts": *„Graf Westarp, Deutschnationale Volkspartei, faßte als Sprecher der Opposition das Ergebnis der Stresemann'schen Politik in den Worten zusammen: Die Episode der sogenannten Locarno-Politik ist abgeschlossen. Frankreich bedroht die Sicherheit Deutschlands. Es steht mit seinen Truppen an den Ufern des Rheins. Zusammen mit Großbritannien führt es umfangreiche Manöver auf deutschem Boden durch."* – Das war im November 1928, zehn Jahre nach Beendigung des Ersten Weltkriegs, und Deutschland hatte bereits zwei Millionen Arbeitslose.

1928 ging es nicht mehr so gut mit meines Vaters Geschäft. Auch Streit mit einem Teilhaber, wie ich vernahm, veranlaßte meine Eltern, nach Leipzig zurückzukehren. Wir fanden zunächst Zuflucht bei meiner Großmutter mütterlicherseits.

Mein Vater nahm eine Stellung als Vertreter einer Margarine-Firma an. Die Aussichten auf eine weitere Verbesserung waren schlecht. Da kam ihm der Umstand zu Hilfe, daß mein Großvater in Asch mit einem höheren Angestellten der Vereinigten Margarine-Werke in Nürnberg aus der Studienzeit her gut befreundet war. Jener Herr war jüdischer Abkunft und war während der Studienzeit von anderen Studenten deswegen gemieden worden. Mein Großvater aber hatte ein ausgeprägtes Gerechtigkeitsempfinden und zeigte dies, indem er mit seinem jüdischen Studienkollegen auf dem Schulhof untergehakt spazierte. Das hatte dieser nie vergessen, und so kam es, daß mein Vater durch Vermittlung meines Großvaters eine gehobene Stellung angeboten bekam.

Ortsgruppe der „Reichsflagge" Bad Brambach
Anfang der 1920er Jahre (links der Vater des Verfassers)

Einer der Festumzüge in Bad Brambach Anfang der 1920er Jahre

Blutige Ostern 1930 in Leipzig

Zu jener Zeit fand auch ein für mich großes politisches Ereignis statt, welches bei mir einen nachhaltigen Eindruck hinterließ und in einer der Leipziger Tageszeitungen unter dem Titel *„Die blutige Ostern 1930"* erschien.

Ostersonnabend

Ich hatte erfahren, daß der Führer der Kommunisten, Ernst Thälmann, auf dem Hauptbahnhof eintreffen sollte. Der Zeitpunkt war mir sicherlich auch mitgeteilt worden. Jedenfalls liefen schon vor dem Schalter des Bahnsteigs teils halb und teils ganz uniformierte Kommunisten umher. Als das Geräusch des einlaufenden Zuges und das Quietschen der Bremsen hörbar wurde, bildeten die Uniformierten ein Spalier, und schon bald konnte ich Thälmann erblicken, der mit breitem Lachen und erhobener Faust seine Genossen begrüßte. Die inzwischen größer gewordene Menge jubelte ihm zu. Was mich stutzig machte, waren die Zurufe „Rotfront" und „Schwarz-Rot-Gold", und ich dachte, wieso „Schwarz-Rot-Gold"? Kommunisten und Reichsbanner hatten sich doch auch schon gelegentlich geprügelt!

Ostersonntag

Es war ein sonniger, aber kühler Morgen. Die Kundgebung der KPD fand auf dem Augustusplatz statt. Als ich hinlief, war schon die ganze Innenstadt in Bewegung geraten. Aus verschiedenen Richtungen bewegten sich die Marschkolonnen auf den Platz zu. Ich stand bald eingekeilt in der Menge vor dem Universitätsgebäude und konnte die Marschgruppen, von der Schillerstraße kommend, vorbeimarschieren sehen. Was mir damals besonders auffiel, waren die Sportler, die trotz der kühlen Witterung, in ihrem Sportdreß selbstbewußt und durchaus kräftig erscheinend, vorbeimarschierten und mit begeisterten Zurufen der Zuschauer begrüßt wurden. Auch die Frauen, die ihren Sportdreß trugen, marschierten an uns vorbei und winkten lachend den Zuschauern zu.

Neben mir standen zwei Männer, von denen der eine seinen Nebenmann mit etwas abschätzigen Bemerkungen zu beeinflussen suchte: *„In Nürnberg, das war eine ganz andere Disziplin!"* hörte ich ihn sagen und hatte eine Ahnung, was er damit meinte. Nürnberg war irgendwie mit einem Mann namens Hitler verbunden, wie mir erinnerlich war.

Ich bewegte mich langsam durch die Menge in Richtung Neues Theater. Jetzt wurden bereits die Straßenbahnen in der Mitte des Platzes in beiden Richtungen angehalten, und schon klirrten die ersten Scheiben, worauf die Fahrgäste fluchtartig die Wagen verließen. In einem der Wagen konnte ich jedoch beobachten, wie eine ältere Dame demonstrativ sitzenblieb, und als einer der Kommunisten auf sie zuging und auf sie einredete, hob sie den

Kopf und erwiderte etwas. Darauf zuckte der Mann die Achseln und verließ den Wagen. Was aus der Frau geworden ist, konnte ich nicht mehr beobachten.

Gleich nachdem ich am Neuen Theater angelangt war, sah ich, wie jemand eine rote Fahne am Fahnenmast hochziehen wollte. Sofort eilten Polizisten herbei, um es zu verhindern, wurden aber wieder zur Verkehrsinsel zurückgedrängt. Kurz darauf erschienen plötzlich zwei Überfallkommandos vom Hauptbahnhof her kommend. Sobald sie ihrer ansichtig wurden, strömten die Kommunisten mit Gejohle auf die beiden Wagen zu. Ich sah, wie der Offizier im ersten Wagen aufstand und für beide Wagen das Zeichen zur Umkehr gab. Darauf fuhren beide unter dem Triumphgeschrei der Menge in Richtung Hauptbahnhof zurück. Dies hatte wohl den Kommunisten Auftrieb gegeben, so daß sie nun auf die Polizisten am Verkehrsturm zuströmten, um anzugreifen.

Ich selbst hatte durch diese Vorkommnisse ein beklemmendes Gefühl bekommen, da ich mir vorstellen konnte, was sich jetzt ereignen würde. Da sprang plötzlich ein Mann vor, breitete seine Arme aus und rief mit lauter Stimme: *„Halt, Genossen, geht zurück! Wir wollen uns nicht an diesen Feiglingen vergreifen!"* Die Menge stutzte und tatsächlich bewegten sich alle langsam wieder zurück. – Was wäre wohl geschehen, wenn dieser Zwischenfall nicht eingetreten wäre? Ich wäre unmittelbarer Zeuge eines wahrscheinlich tragischen weiteren Verlaufs geworden!

Hatten hier nicht die Verantwortlichen der Polizei versagt? Zwei Überfallkommandos gegen Tausende von Kommunisten! Und dann noch kehrtmachen und die wenigen Kameraden im Stich lassen! Dies konnte ich nicht verstehen. Ich bewunderte jenen Kommunisten, der so geistesgegenwärtig das Schlimmste verhütet hatte. – Allerdings: Was wäre geschehen, wenn die beiden Kommandos versucht hätten, sich bis zur Verkehrsinsel vorzudrängen...?

Etwas weiter sah ich, wie ein Zivilist, der auf mich den Eindruck eines Agitators machte, auf einen Mauervorsprung des Neuen Theaters geklettert war. Mit den Armen fuchtelnd, redete er auf die Umstehenden ein und forderte sie auf, die „Internationale" zu singen. Es klappte nicht besonders, und nach ein paar Takten hatte sich der Gesang wieder verloren.

Es war mir gelungen, auf das Podest des Fahnenmastes zu klettern, der auf der Seite der Goethestraße stand. Von hier aus konnte ich den ganzen Platz überschauen. Neben mir war schon ein scheinbar älterer Kommunist. In einiger Entfernung, zur Mitte des Platzes hin, stand ein Lastwagen inmitten der Menge. Auf diesem stehend erkannte ich Thälmann wieder. Dieser hielt eine Rede zu den umstehenden Genossen, wobei seine geballte Faust im Rhythmus auf und niederging, womit er wohl seinen Worten Nachdruck verleihen wollte.

Weiter entfernt von mir, auf der gegenüberliegenden Seite am Hauptpostgebäude, stand ein weiterer Verkehrsturm. Während nun auf meiner

Seite die Polizisten noch ruhig auf ihrem Platz standen, konnte ich beobachten, wie drüben die Menge in Bewegung geraten war. Was sich dort zutrug, war durch eine hysterisch schreiende Frauenstimme zu erfahren: *„Jetzt ham'se wieder e'en umgelegt!"* Danach erblickte ich zwei Krankenwagen, die eingekeilt drüben in der Menge standen. Was dort im einzelnen geschehen war, konnte ich nicht mehr feststellen. Auf alle Fälle waren Polizisten ermordet worden. Wieviel wußte ich nicht.

Ich muß noch berichten, daß unter uns ein Trupp mit langen Militärmänteln und am Koppel befestigten Stöcken mit metallenen Spitzen (man sagte mir später, diese seien aus Blei gewesen) vorbeimarschierte. Der Mann neben mir auf dem Podest sagte zu mir stolz: *„Das ist unser Hamburger Stoßtrupp, die werden es ihnen schon zeigen!"*

Für mich als zehnjährigen Jungen waren all diese Ereignisse so beklemmend und bedrückend, daß ich ein Gefühl hatte, als ob man mir die Kehle zuschnürt. So entschloß ich mich, schleunigst nach Hause zu gehen. Vor dem Neuen Theater waren nur vereinzelt Menschen, so daß ich mich ungehindert in Richtung Hauptbahnhof bewegen konnte.

Ostermontag

Eine beinahe feierliche Stille hatte sich – in starkem Kontrast zum Vortage – am nächsten Morgen in der Stadt ausgebreitet, als ich mit meinen Eltern vor dem Hauptbahnhof auf dem Blücherplatz entlanglief. Nur wenige Leute waren zu sehen.

Da rannten plötzlich zwei Hamburger Zimmerleute – erkenntlich an ihrer Tracht – quer über die Fahrbahn in die Anlagen. Sie wurden von einigen jungen Polizisten mit Karabinern auf dem Rücken verfolgt. Ich war erstaunt, als ich sah, wie behende die jungen Polizisten trotz ihres Karabiners auf dem Rücken über die Hecken sprangen. Sie mußten offenbar gute Sportler sein.

Neben uns lief ein älteres Ehepaar, und die Frau kritisierte heftig die Polizisten. Als meine Mutter meinte, die Zimmerleute müßten doch etwas angestellt haben, wenn sie ausrissen, entgegnete die Frau: *„Wenn die Polizei auf sie zurennt, dann reißen sie auch aus."* So einfach und logisch also war das! Und weiter meinte sie: *„Aber warten Sie die nächste Wahl ab! Da gewinnen wir, und dann wird Leipzig eine Arbeiterstadt wie Berlin!"* – Berlin war also eine Arbeiterstadt? Das war wieder etwas Neues für mich!

Nachtrag

Das Verhalten der Polizei wurde in Zeitungen und anderen Veröffentlichungen unterschiedlich beurteilt, und die nächste Wahl zum Sächsischen Landtag, die am 22. Juni 1930 stattfand, hatte in Leipzig folgendes Ergebnis: SPD 141.601 Stimmen, KPD 65.000 Stimmen, Deutsche Volkspartei 62.540 Stimmen, NSDAP 43.604 Stimmen, Wirtschaftspartei 10.074 Stimmen, Deutsche Staatspartei 17.367 Stimmen, Deutschnationale Volkspartei 14.074 Stimmen, andere Parteien 23.540 Stimmen. Aus einem Wahlsieg der KPD war also nichts geworden! Auf einem der Wahlplakate an den Litfaßsäulen war ein Polizist abgebildet, der mit einem Messer im Rücken vorn überstürzt, mit der Überschrift „*Ostern 1930 – denkt daran!*". Leider weiß ich nicht mehr, zu welcher Partei dieses Plakat gehörte.

Das ehemalige Staatsoberhaupt der DDR, Erich Honecker, hatte jene Vorkommnisse anders gesehen. Er schrieb in seinen Erinnerungen u.a.: „*Thälmann hatte einige Zettel mit Kernsätzen in der Hand. Seine Rede, ohne Mikrofon und Lautsprecher vorgetragen, klang über den weiten Augustusplatz (?). Wichtige Gedanken unterstrich er, die Hand zur Faust geballt, mit maßvollen Armbewegungen. Die KPD – dieser Satz ist mir in Erinnerung geblieben – sei mit der Jugend des Proletariats im Kampf gegen die Ausbeutung des Proletariats und Unterdrückung auf Leben und Tod verbunden. Während des Reichsjugendtreffens ging die von rechten Sozialdemokraten geführte Leipziger Polizei mit brutaler Gewalt gegen die proletarischen Mädchen und Jungen vor. Sie feuerte bei den Zusammenstößen sogar in die Menge.*"

Gerade jetzt, während dieser Niederschrift, kommt mir ein Zufall zu Hilfe: Im April 2004 fragte ich meinen Freund Joachim Fischer, ob er mir bei meinen Nachforschungen über jene Vorfälle in Leipzig behilflich sein könne. Und ausgerechnet am 20. April 2004 erschien in der „Leipziger Volkszeitung" ein interessanter Bericht eines Herrn Erwin J., der von seinen Erlebnissen mit Kommunisten und Nationalsozialisten als Zeuge über Ostern 1930 in Leipzig berichtet: „*Zu Ostern 1930 besuchte ich in Leipzig den Kommunistischen Reichsjugendtag, der auf dem Augustusplatz stattfand. Das Ereignis endete mit dem Belagerungszustand. Der Polizeipräsident hieß Fleissner. Es gab eine Riesenklopperei, sogar mit Schießerei. Ein Polizist starb und zwei Demonstranten kamen auch zu Tode.*"

Die nationale Revolution

Die wirtschaftliche und politische Lage war zu Anfang der 1930er Jahre bereits sehr angespannt. Die sogenannten *„Goldenen Zwanzigerjahre"* hatten nur eine Scheinblüte hervorgebracht. Bereits 1929 zeichnete sich der kommende Rückschlag ab.
Deutschland konnte den enormen Zahlungsverpflichtungen durch den Young-Plan nicht mehr nachkommen. Reichskanzler Brüning regierte daraufhin mit Notverordnungen zur Sicherung von Wirtschaft und Finanzen, scheiterte aber dennoch, und so wurde am 16. Juli 1930 der Reichstag aufgelöst. Die Neuwahlen ergaben ein ungewöhnliches Anwachsen der extremen Rechten und Linken auf Kosten der bürgerlichen Mitte. Die Kommunisten erhielten 77 Parlamentssitze, die Sitze der Nationalsozialisten verzehnfachten sich fast von 12 auf 107.

Über ein Jahr lang litt mein Vater an Magenkrebs, bis er am 19. März 1931 von seinem Leiden erlöst wurde. Dies war besonders für meine Mutter ein schwerer Schicksalsschlag. Sie bewies jedoch in der Folge, daß sie durch diese Erfahrung nur noch härter geworden war und alle kommenden Beschwernisse tapfer überwinden konnte. Ich hingegen war nun oft mir selbst überlassen und nahm unser Leid als gegeben hin. Überall bei Bekannten wurde ja nur über die schlechte Zeit geschimpft, also waren wir keine Ausnahme. 1931 hatten die USA sechs Millionen und Deutschland über vier Millionen Arbeitslose. Man sprach offen von einer Weltwirtschaftskrise.

Da meine Eltern mir eine höhere Schulbildung zukommen lassen wollten, bewarb ich mich bei der Leibniz-Oberrealschule in Leipzig. Die Aufnahmeprüfung hatte ich nach drei Tagen bestanden, wobei die beiden vorherigen Schuljahre, 1929 bis 1930, in der 32. Volksschule in Leipzig dank der Tüchtigkeit und Besorgtheit unserer Lehrerin Fräulein Nitzke bedeutend zu diesem erfreulichen Vorwärtskommen beitrugen. Zur Vorbereitung für die Aufnahmeprüfung für die Höhere Schule erteilte sie den betreffenden Schülern nämlich aus eigener Initiative zusätzliche Unterrichtsstunden.

In der Leibniz-Oberrealschule nahm ich den interessanten neuen Lehrstoff mit Begeisterung auf. Im Unterschied zu anderen Klassenkameraden, die sich mit ihrem Wissen hervortaten, hörte ich dem Unterricht nur gespannt zu. Das erste Ergebnis war dennoch verblüffend: In Rechnen und Naturkunde hatte ich unter 42 Schülern die beste Klassenarbeit geschrieben! Bei der Rückgabe der Arbeit in Naturkunde schüttelte der Studienassessor verwundert den Kopf und sagte: *„Der Schneider sitzt immer so ruhig da und sagt kein Wort und hat die beste Arbeit geschrieben!"*

Während der ersten vier Jahre kam ich gut voran, merkte aber, daß die meisten meiner Mitschüler von zu Hause aus ein Wissen mitbrachten, welches ich nicht vorweisen konnte. Ich hatte keinen Vater mehr, und meine Mutter mußte jede Arbeit annehmen, was sie oft abgearbeitet und nervös erscheinen ließ. Ich war völlig mir selbst überlassen.

Meine Freizeit verbrachte ich mit Radfahren, Wandern und Schwimmen. Abwechslung bereitete mir unser Grammophon aus den frühen 1920er Jahren. Gelegentlich verdiente ich mir etwas Taschengeld dazu, von dem ich mir Schallplatten mit klassischer Musik kaufte. Die großen Komponisten eröffneten mir eine neue Welt.

Rundfunk wollte meine Mutter nicht. So kaufte ich mir von einem Freund für 1,50 Reichsmark einen Kristalldetektorempfänger, das einfachste, ohne Elektrizität arbeitende Rundfunkgerät. Man mußte mit einer Metallfeder an dem Kristall herumstochern, bis man Kontakt mit dem Rundfunkempfang hatte und dann, ja dann, als ich abends im Bett liegend den ersten Kontakt hatte, ertönten zu meiner großen Überraschung die klaren und völlig störungsfreien Takte aus der Ouvertüre zur „Diebischen Elster" von Rossini. Der Eindruck war so stark, daß mich jene Melodien nie wieder losließen. Eine solche Klangreinheit konnte ich bei keinem anderen elektrischen Rundfunkempfänger feststellen.

1932 war nach meinem Empfinden das Jahr der politischen Entscheidung. Unter uns Jungen wurde immer wieder debattiert, was geschehen würde, wenn Hitler oder Thälmann an die Macht käme. Andere Möglichkeiten wurden nicht in Betracht gezogen.

In jenem Jahr der politischen Hochspannung beeinflußte mich die Umgebung meiner Nachbarschaft in unserem vierstöckigen Wohnhaus. Im vierten Stock war unsere Dreizimmerwohnung zwischen zwei größeren Wohnungen gelegen.

Links wohnte das Hausmeisterehepaar. Beide waren überzeugte Sozialdemokraten. Besonders die Frau versuchte, mich mit entsprechender Literatur zu beeinflussen. Ihr Mann holte sich jeden Monat eine Rente vom Volkshaus in der Südstraße ab. Eine weitere Einnahme hatten sie von durchweg jüdischen Untermietern. Als zum Reformationsfest das Lied „*Eine feste Burg ist unser Gott*" erklang, hörten wir sie beide mitsingen. Auf die erstaunte Frage meiner Mutter, warum sie als Freidenker so ein Kirchenlied sängen, war die Antwort: *„Na, weil der Luther so tapfer gegen den Papst gekämpft hat!"*

Die Wohnung rechts gehörte einer jüdischen Familie. Der Vater achtete darauf, daß die Sabbat-Regeln streng eingehalten wurden. Er war immer sehr freundlich zu meiner Mutter und mir. Zu Beginn des Sabbats freitagsabends baten sie meine Mutter meist um die Erledigung einiger Handgriffe. Wir hatten gutes Einvernehmen mit der Familie, wenngleich es auch gelegentlich zwischen meiner Mutter und der Mutter und Tochter der Nachbarn zu Streitigkeiten meist religiöser Art kam, die aber anschließend immer schon bald mit einem Lachen wieder aus dem Weg geräumt waren.

Der Sohn hatte ein kleines Pelzgeschäft in der Nikolaistraße. Wir verstanden uns beide gut, und ich wurde oft von ihm abends zum „Mensch, ärgere dich nicht"-Spielen eingeladen. Obwohl er Geschäftsmann war, erzählte er mir zu meiner Verwunderung, daß er sein Geld keiner Bank anvertraue. Er klopfte auf seine Gesäßtasche, wo sich seine Brieftasche befand, und sagte: *„Das ist meine Bank!"* – Ich hatte noch viel zu lernen!

Die Wohnung unter uns, im dritten Stock, gehörte einer Familie, mit der wir auch in gutem Einvernehmen verkehrten. Die Frau allerdings klopfte immer mit einem Besenstiel an die Decke, wenn sie meinte, daß wir zu laut seien. Sie war französischer Abstammung und bei Unterhaltungen leitete sie oft ihre Sätze wie folgt ein: *„In meiner Heimat, in Paris..."*

Der Sohn, zwei Jahre älter als ich, war intelligent und strebsam. Wir waren gut befreundet. Der Vater, ein überzeugter Kommunist, kam gelegentlich zu uns herauf und unterhielt sich bis zu dessen Tod mit meinem Vater, dem Deutschnationalen, in für mich sehr interessanten Gesprächen. Es gab dabei niemals Streit. Als mein Vater auf die Ostern 1930 durch Kommunisten ermordeten Polizisten zu sprechen kam, meinte er bedauernd: *„Nein, schön war das nicht!"*

Im zweiten Stock links wohnten zwei jüdische Familien mit insgesamt sieben Kindern. Mit zwei etwa gleichaltrigen Jungen hatte ich ein freundliches Verhältnis. Meinungsverschiedenheiten meist religiöser Art wurden auch ohne Nachträglichkeit hingenommen. Einmal sagte Benno, der ältere, zu mir: *„Luther, das dumme Schwein, hat Jahwe mit Jehova übersetzt."* Ich wußte allerdings nicht, was er damit meinte.

Zu Ostern brachte Benno stets Matzen, ein jüdisches Ostergebäck, welches keinen besonderen Geschmack hatte, und das wir daher mit Marmelade bestrichen. Als meine Großmutter einmal einen duftenden, wohlschmeckenden Braten im Ofen hatte und uns ein Stück zum Kosten anbot, wehrte er heftig ab, was meine Großmutter ziemlich ärgerlich werden ließ.

Nach dem Tod meines Vaters zog im ersten Stock ein Mann mit seinem etwa 18jährigen Sohn, einem ehemaligen Hitlerjungen, ein. Der Vater selbst war Mitglied der NSDAP. Wir wurden später mit ihnen näher bekannt.

All diese Eindrücke um mich herum hatten auch mein politisches Interesse geweckt. Als Zehnjähriger trat ich der „Christlichen Jungschar", einer Jugendgruppe des CVJM (Christlicher Verein junger Männer), bei. Die wöchentlichen Heimabende waren interessant und lebendig gestaltet durch Vorträge, Singen und abschließendes Gebet. In erzieherischer Hinsicht war das Gebotene vorbildlich. Auch Wanderungen und ein vierzehntägiger Erholungsaufenthalt in Hohenbinde bei Berlin, mit Besichtigung von Sanssouci und anderen Sehenswürdigkeiten, erweiterten unseren Horizont.

1932 erfuhr ich von einem „Nationalsozialistischen Schülerbund", welchem einige meiner Kameraden angehörten. Meine Mutter wollte mich aber auf alle Fälle von Politik fernhalten. So begnügte ich mich damit, jede Gelegenheit auszunutzen, um bei politischen Aufmärschen oder Kundgebungen als Zuschauer dabei zu sein. Das verlief nicht immer glücklich.

Einmal fuhr ich mit dem Fahrrad hinter drei Kommunisten, die offensichtlich auf dem Weg zu einem Treffen waren. Plötzlich drehte sich einer nach mir um, fuhr langsamer, bis er mit mir gleichauf war, und schon knallte ein Schlag auf meine rechte Backe, daß ich strauchelte, aber Gottseidank nicht vom Rad fiel.

Als Hermann Göring für eine Kundgebung angekündigt war, übte am Vortag eine Sturmabteilung der SS am Ausstellungsgelände. Ich stand als einziger nicht weit entfernt dabei, um zuzuschauen. Der Sturmführer aber fauchte mich an: *„Schwing dich auf deine Karre, sonst werden wir dir nachhelfen!"* Also war schneller Rückzug geboten!

Natürlich hätte ich gern den „starken Mann" Hermann Göring gesehen, konnte mir aber das Eintrittsgeld nicht leisten. Als ich einen Freund, der sich die Kundgebung angesehen hatte, fragte, welchen Eindruck er von Göring hatte, antwortete er: *„Ach, so'n kleener Dicker!"* Da war ich doch ziemlich enttäuscht.

Es war am kalten Morgen des 31. Januar 1933, als ich mich aufs Rad schwang, um in die Stadt zu fahren. Da sah ich in der Berliner Straße zwei oder drei Hakenkreuzfahnen aus den Fenstern hängen und beobachtete beim Weiterfahren, wie weitere, gelegentlich auch schwarz-weiß-rote Fahnen gehißt wurden. Das überraschte mich nicht. Ich wußte sofort, Hitler war Reichskanzler geworden!

Zunächst blieb noch alles ruhig. Erst im Laufe der nächsten Tage zogen kleine Trupps von SA-Männern zu verschiedenen amtlichen und halbamtlichen Stellen, um diese zu besetzen und Hakenkreuzfahnen zu hissen.

Mit ein paar Freunden erfuhr ich, daß auch die Druckerei der „Sächsischen Arbeiterzeitung" in Czermaks Garten besetzt werden sollte. Mit uns kamen auch zwei als Kommunisten erkenntliche Radfahrer, hielten an und beobachteten mit finsteren Blicken, wie ihr Verlagsgebäude besetzt wurde. Einer meiner Freunde hatte sich ein NSDAP-Parteiabzeichen angesteckt, das er nun schnell verbarg. Als wir ihn fragten, ob er Angst hätte, sagte er: *„Meinste, ich laß mir von denen eine in die Fresse hauen?"*

Beim Besuch eines Schulfreundes meinte sein älterer Bruder aus Spaß: *„Heil Adolf der Erste, Kaiser von Deutschland!",* worauf dessen Mutter entgegnete: *„Sei mal ruhig, Junge! Einen Kaiser wollen wir nicht wieder haben..."* – Diese Einstellung war neu für mich. Der Vater war Parteimitglied.

So hatte ich den ersten Tag der „nationalen Revolution" erlebt, wie man sie hier allgemein und auch später in einer Schulfeier nannte. Hitler selbst sprach in einer Rede von der „nationalsozialistischen Revolution".

Das Dritte Reich

Zu jedem Frühjahr – ich glaube, es war stets in der Pfingstzeit – hatten die Sozialdemokraten ihren Aufmarsch auf dem Meßplatz. Da zog montagmorgens ein langer Zug von Männern, Frauen und Kindern, sogar Kinderwagen waren dabei, aus Mockau kommend an unserem Haus vorbei. Angeführt wurde der Zug von einer Schallmeienkapelle, die mit ihrem hellen Klang den Frühlingsbeginn ankündigte.

Ein solcher Umzug fand auch anläßlich der Märzwahlen 1933 zu einer Kundgebung auf dem Meßplatz statt, wo der Reichstagsabgeordnete Breitscheid sprach. Der Umzug war diesmal durch Polizei abgesichert. Als von der Blücherstraße drei Hitlerjungen kamen und die Berliner Straße überqueren wollten, wurden sie von der Polizei zurückgetrieben. Ein Zugteilnehmer hob seine Faust hoch und rief den Hitlerjungen lachend zu: *„Freiheit!",* worauf jene schlagfertig zurückriefen: *„Für Adolf Hitler!"* Darauf stieß ein älterer Polizist einem der Jungen mit beiden Fäusten in den Rücken, daß ihm die Mütze ins Genick fiel.

Ich schwang mich aufs Rad und fuhr zum Meßplatz zur Kundgebung, wo ich Breitscheid über *„Hitler und seine Mordbanden"* sprechen hörte. – Ein paar Tage danach konnte ich in der Berliner Straße beobachten, wie ein Überfallkommando mit jungen Polizisten hielt, die sich zu meiner Überraschung Hakenkreuzbinden angelegt hatten. Als Leute mit Heilrufen herbeiliefen, stand der Offizier im Wagen auf und grüßte nach beiden Seiten mit erhobener Hand.

In jenen Tagen hatte ich auch reichlich Gelegenheit, zu beobachten, wie sich in der Stadt Diskussionsgruppen, meist vor Wahlplakaten an Litfaßsäulen, bildeten. Die Streitgespräche fand ich immer sehr interessant und lehrreich. Zu Tätlichkeiten ist es dabei nicht gekommen. In Lindenau, welches bei uns als „rot" galt, hatten die Kommunisten Spruchbänder an Häusern angebracht, von denen allerdings einige Stellen hatten überdeckt werden müssen.

So konnte ich nun den ersten Reichstagswahlen unter Hitler als Reichskanzler entgegensehen. In der Schule wurden wir, wie stets, zu einer Gedenkfeier in der Aula versammelt. Unsere Studienräte waren Kriegsteilnehmer gewesen. Der Rektor, Dr. Gey, und unser Klassenlehrer, Studienrat Schmidt, erschienen beide in Stahlhelm-Uniform, die nunmehr mit einer Hakenkreuzbinde geschmückt war, wogegen sämtliche Studienassessoren die SA-Uniform trugen. Zwei der Studienräte, die Mitglied der SPD waren, wurden etwas später pensioniert.

Für nationale Organisationen wurde auch öfter gesammelt. Dafür war unser Konrektor zuständig. Oft kam er während des Unterrichts, nach kurzem Klopfen an die Tür, ins Klassenzimmer: *„Heil Hitler, Jungs! Ihr wißt, einen fröhlichen Geber hat der Herr lieb!"* Dann warb er zur Sammlung für eine meist wohltätige Organisation, oft für den VDA (Verein für das Deutschtum im Ausland).

Wieweit Gegner der neuen Regierung verfolgt wurden, war für mich kaum bemerkbar. Man hörte, daß es nun ein Konzentrationslager in Colditz bei Leipzig gab. Ein Fall wurde mir bekannt, als eine uns bekannte Inhaberin eines Seifengeschäfts während des Krieges mit drei Wochen Haft wegen Schiebung mit rationierter Seife bestraft wurde. Sie sagte später zu meiner Mutter: *„Nein, schön war es nicht, aber ich habe eben Mist gemacht. Dafür mußte ich büßen."* Sonst hatte ich kaum etwas über Konzentrationslager gehört. Daß es noch weitere derartige Lager gab, erfuhr ich erst nach dem Kriege.

Einige meiner Kameraden waren inzwischen der Hitlerjugend beigetreten. Und auch meine Mutter wurde nun von unserem Bekannten, dem Parteimitglied, und seinem Sohn überzeugt, daß ich der Hitlerjugend beitreten sollte. – Die Kameradschaft, die ich dort vorfand, unterschied sich wesentlich von allem, was ich bisher mit meinen Freunden erlebt hatte! Die Disziplin und die neue Tonart waren ungewohnt und ich tat mein bestes, um mich einzufügen.

Nun hatte ich mich damals für die Fliegerei begeistert. Als im Bezirk Leipzig-Mitte im Jungvolk, welches die 10- bis 14jährigen Jungen der HJ erfaßte, eine Abteilung des Fliegerjungvolks gegründet wurde, beteiligte ich mich und wurde bald Jungzugführer. Ein Erlebnis war unsere erste Großfahrt im Sommer 1935 für etwa drei Wochen nach Schirgiswalde bei Bautzen. Auf einer Waldwiese an einem Bach errichteten wir ein Zeltlager mit Gulaschkanone, wo uns zwei junge Frauen die Mahlzeiten zubereiteten. Die Tage waren ausgefüllt mit Wanderungen, Sport, Spiel und Vorträgen. Während ich mich früher mit meinen Freunden frei austoben konnte, lernte ich nun durch die Hitlerjugend, mich in der Gemeinschaft einzufügen und in der Öffentlichkeit ein diszipliniertes Verhalten zu zeigen.

Mir imponierte auch sehr die Offenheit, mit welcher gesprochen wurde. Es war 1934, als der Bann – annähernd 100 Mann stark – vor Zuschauern auf der Straße angetreten war, und der Bannführer in einer kurzen Ansprache unter anderem ausführte: *„Es gibt immer noch Leute, die heimlich die Fäuste gegen uns ballen. Wir müssen zeigen, daß wir für soziale Gerechtigkeit kämpfen, uns anständig benehmen, in ordentlicher Uniform auftreten und nicht wie ein Bananenhaufen durch die Gegend walzen!"* – Ich war überzeugt, der Eindruck auf die Bevölkerung war positiv.

Nun näherte sich auch der Zeitpunkt, wo ich mich für meine spätere Laufbahn entscheiden sollte. Meine Wunschvorstellung war, ein Unternehmen aufzubauen, wie es mein Großvater und in kleinerem Maße auch mein Vater getan hatten. Meine Mutter war jedoch dagegen: Nein, der Junge soll einen „ordentlichen" Beruf erlernen! Unterstützt wurde sie durch

die „guten Ratschläge" einiger Bekannter: *„So ein großer, kräftiger Junge darf doch nicht mehr in die Schule gehen!"*
Deshalb sollte ich meine Schulbildung mit der Obersekundareife abschließen. Dies hatte den Nachteil, daß ich mich als 16jähriger Lehrling mit 14jährigen Volksschülern auf ein Stufe stellen mußte. Trotzdem war aber die vierjährige Lehrzeit als Elektromaschinenbauer eine lehrreiche Zeitspanne meines Lebens.

„Du mußt erst mal lernen, einen geraden Strich zu feilen!" sagte der Meister zu mir, als ich das erste Mal eine Feile zur Hand nahm. So fand ich die ersten Monate langweilig. Als ich dann aber mit den elektrischen Teilen der Bohr- und Schleifmaschinen für Wechsel- und Drehstrom bekannt wurde, erhöhte sich mein Interesse, und ich begann, mich nebenbei noch für Fernmelde- und Funktechnik zu interessieren.

Der Wechsel von sechs Jahren Oberrealschule zu vier Jahren Lehrzeit für einen praktischen Beruf hat mich in vielerlei Hinsicht für das spätere Leben geprägt.

Die Firma Martin Hönnecke, „Fabrik elektrischer Spezialmaschinen", war erst 1933 gegründet worden. Die technische Abteilung der etwa 40 Personen starken Belegschaft wurde von einem Ingenieur und einem Meister geleitet. Vor ihrer Anstellung waren fast alle Arbeiter erwerbslos gewesen. Der wirtschaftliche Aufschwung hatte sie wieder in Arbeit gebracht. So waren sie allgemein zufrieden, aber hin und wieder hatten sie doch etwas an Maßnahmen der Regierung zu kritisieren. Als ich nach einer Volksabstimmung, die über 98% Ja-Stimmen für die Regierung brachte, einen Vorarbeiter fragte, die Arbeiter müßten doch ganz überwiegend für Hitler gestimmt haben, lachte er und sagte: *„Ja, bist du denn dumm, Werner? Na klar wählen wir Hitler! Uns ist es ja noch nie so gut gegangen!"*

Der Meister interessierte sich, wohl aufgrund meiner Schulbildung, sehr für mich und versuchte, mich politisch zu beeinflussen. Er hatte das Buch des Amerikaners Upton Sinclair „Der Dschungel" gelesen, welches Enthüllungen über die Praktiken der amerikanischen Kapitalisten beschrieb. Die Diskussionen, die wir darüber führten, waren für mich hochinteressant. *„Die Leute sagen immer, ich bin ein Kommunist. Ich bin aber nur für soziale Gerechtigkeit",* versicherte er mir.

Die etwas turbulenten Ereignisse während der ersten Jahre des Dritten Reiches hinterließen einen nachhaltigen Eindruck bei mir.

Der Vater eines Schulfreundes, städtischer Beamter in gehobener Stellung und Parteimitglied, war aus der Partei ausgeschlossen worden, als bekannt wurde, daß er Freimaurer war. Daraufhin trat aus Protest sein 19jähriger Sohn aus der SA aus.

Als Antwort auf die einsetzende antideutsche Hetze des Auslandes und die offizielle Bekanntmachung *„Judäa erklärt Deutschland den Krieg"* wurde gegen jüdische Geschäfte ein Boykott verhängt. Da konnte ich eines Tages beobachten, wie vor einem Juweliergeschäft in der Hainstraße ein SA-Mann stand. Eine Frau fragte ihn, ob sie hineingehen könnte, da ihre Tochter in dem Geschäft angestellt sei. Der SA-Mann lachte und sagte, sie solle ruhig hineingehen.

Das jüdische „Kaufhaus Brühl" hatte sogar von sich aus geschlossen und in den Fenstern Schilder angebracht mit dem Hinweis, daß die Betriebsführung den Boykott der Reichsregierung unterstützen wolle.

Insgesamt war der Boykott in Leipzig ruhig verlaufen. Wir Jungen wurden von einer „Judenfrage" nicht berührt. – Das änderte sich plötzlich fünf Jahre später.

Am 10. November 1938 fuhr ich morgens um etwa 6.30 Uhr mit dem Rad zur Arbeit. Als ich mich dem Brühl, der Straße mit den Pelzgeschäften, näherte, hörte ich plötzlich klirrende Geräusche zerbrechender Fensterscheiben. Beim Überqueren der Straße war es wieder ruhiger geworden. Ich konnte jedoch zwei Pelzgeschäfte erkennen, deren Scheiben völlig eingeschlagen waren, und daß Pelzbekleidung auf der Straße lag. – Eine kleine Schar von Nachtschwärmern, wahrscheinlich von einer Feier kommend, bewegte sich etwas angeheitert in der Mitte der Straße. Ich bemerkte noch, wie zwei der Frauen sich den herumliegenden Pelzsachen näherten, aber nichts berührten, da ein paar Meter hinter ihnen ein Polizist lief.

Auf der Arbeitsstelle gab es reichlich Gesprächsstoff. *„Das waren bestimmt die Studenten!"* meinte unser Meister. *„Oder war es die SA?"* – Niemand wußte eine genaue Antwort. Die eigentlichen Urheber sind nie gefunden worden.

Als ich wieder nach Hause fuhr, war nichts von Unruhen zu spüren. Doch später hieß es auf einmal: *„Die Synagoge in der Gotschedstraße brennt!"* Auf dem Wege dorthin kam ich am Augustusplatz vorbei und sah, wie plötzlich aus den Fenstern im ersten Stock des Kaufhauses „Bamberger und Hertz" Flammen schlugen! Also war doch eine größere Aktion im Gange gewesen! Weiterhin zur Gottschedstraße bedeckten bereits starke Qualmwolken die Gebäude. Ich konnte jedoch nicht näher heranfahren, da bereits zu viele Fahrzeuge und Fußgänger sich zur Brandstelle hinbewegten. – Sollte es wirklich keine Zeugen geben, obwohl die Brände am hellichten Tage gelegt worden waren?

Am Abend bei meinem Kursus in der Berlitz-Schule erwähnte ich den Verdacht des Meisters, daß Studenten beteiligt waren. Dies wurde aber von einer Dame, deren Bruder Student war, vehement abgestritten.

Jene Ereignisse des 9. und 10. November 1938 hatten weitere Maßnahmen gegen die jüdische Bevölkerung zur Folge, führten aber gleichzeitig auch zu schweren Angriffen der internationalen Gegner Deutschlands, besonders der USA.

Wir Jugendlichen wurden von all diesen Vorkommnissen kaum berührt. Es ging ja vorwärts in Deutschland: Am 12. März 1938 waren deutsche Truppen unter dem Jubel der einheimischen Bevölkerung in Österreich einmarschiert. Durch das Münchner Abkommen wurden die sudetendeutschen Gebiete wieder an Deutschland zurückgegeben. Der Volksempfänger, ein leistungsstarkes Rundfunkgerät, konnte für 35,- Reichsmark erworben werden. Im Mai hatte die Grundsteinlegung des Volkswagen-Werkes stattgefunden, welches den später zu Weltruhm gelangten Volkswagen produzieren sollte. Und so reihte sich ein Erfolg an den anderen.

Meine Mutter hatte unterdessen jede Möglichkeit wahrgenommen, um uns finanziell über Wasser zu halten. Wo immer sich Gelegenheit bot, nahm sie eine Stellung als „Aufwartung" oder als Garderobenfrau in einem Kino oder Theater an.

Da es schwierig war, eine Anstellung in ihrem Beruf als Telefonistin zu finden, versuchte sie, unter Hinweis auf den früheren aktiven Einsatz meines Vaters für die nationalen Belange, ein Gesuch an den Reichskanzler Adolf Hitler zu richten. Im Schriftlichen war sie sehr gewandt. Ein befreundeter Beamter, dem sie das Gesuch zur Begutachtung zeigte, hieß es sehr gut, nur anstatt der Anrede „Sehr geehrter Herr Reichskanzler!" sollte sie schreiben „Mein Führer!"

Hatte meine Mutter alle Hoffnung auf einen Erfolg in dieses Gesuch gesetzt oder war es nur ein Versuch von vielen, um unsere Lage zu verbessern? – Tatsächlich erhielt sie kurze Zeit später zu ihrer großen Überraschung eine Einladung, sich beim Hauptpostamt am Augustusplatz vorzustellen. Also war ihr Gesuch umgehend beantwortet worden.

Als sie am Tage ihrer Vorstellung empfangen wurde, waren gerade die Vorbereitungen für das erste Fernsehgespräch mit Berlin abgeschlossen. Zu ihrer Überraschung wurde meine Mutter aufgefordert, das Gespräch zu eröffnen. Obwohl zweifellos ein historisches Ereignis, wurde damals nicht viel Aufhebens darum gemacht.

Da im Augenblick noch keine Stellung für sie frei war, riet man ihr, inzwischen auf Empfehlung eine Stellung bei der Firma Schimmel & Co., „Fabrik für ätherische Öle", in Miltitz bei Leipzig anzunehmen.

Das war nun der Wendepunkt in unserem Schicksal. Auch ich war sehr erfreut und etwas stolz, als ich bei meinem ersten Besuch bei der Firma meine Mutter als Empfangsdame an einem großen Pult mit Fernsprecheinrichtung sitzen sah. Als sie mich einigen der angestellten Chemiker vorstellte, merkte ich zu meiner Freude, daß sie sich in einem angenehmen Arbeitsverhältnis befand.

Ja, nun ging es weiter vorwärts! In der Lehre kam ich gut voran. Im letzten Halbjahr wurde mir nach abgelegter Prüfung als Geselle das Prüffeld übergeben, welches bis dahin von einem Meister geführt worden war.

Während meiner Lehrzeit belegte ich Privatkurse bei der Berlitz-Schule in Englisch, Französisch und Italienisch. Daneben erteilte mir eine Freundin meiner Mutter – Frau Anja Rohne, Tochter des Hofschneiders des letzten Zaren – Unterricht in der russischen Sprache. Ich nahm mit Begeisterung an diesen Kursen teil, bezahlte auch alles aus eigener Tasche und hatte bestes Einvernehmen mit meinen Lehrkräften. Meine Französischlehrerin, Madame Georgie, lud mich nach Abschluß sogar ein, sie nach dem Kriege auf ihrem Schloß in Südfrankreich zu besuchen. Leider kam dann aber alles anders.

Durch die „Deutsche Arbeitsfront" konnte ich mein Interesse für Funktechnik befriedigen. Für nur zehn Reichsmark nahm ich an einem Kursus mit dem bezeichnenden Namen *„Vom Mund zum Ohr"* teil, der von einem Baurat an der Höheren Maschinenbauschule gehalten wurde. Er verstand es, uns durch seine feine, eindringliche und auch etwas humoristische Art des Vortragens in „hochfrequente Stimmung" zu versetzen. Ich hatte mit echter Begeisterung daran teilgenommen.

Bis zu Beginn der kalten Jahreszeit fuhr ich täglich mit dem Rad an den Elster-Saale-Kanal zum Schwimmen.

Mit 16 Jahren trat ich dem „Atlas-Boxklub" bei, wo ich innerhalb von zweieinhalb Jahren zwölf öffentliche Kämpfe bestritt. Meinen ersten Kampf mußte ich damals noch als Jugendschwergewichtler im Kristallpalast in Leipzig bestreiten. Mein gleichaltriger Gegner, Kupfer, war etwa zehn Pfund schwerer als ich. Unter begeistertem Beifall gewann ich alle drei Runden mehr durch unaufhörliches Zuschlagen denn durch guten Boxstil. Aber so etwas wollten ja die Zuschauer sehen. Der Bericht darüber wurde in der „Leipziger Tageszeitung" eingeleitet mit den Worten: *„Zwei Elefantenbabies stiegen in den Ring."* – Von insgesamt zwölf Kämpfen hatte ich vier gewonnen, vier verloren und vier unentschieden bestritten.

Abhärten sollten wir uns, wurde uns Jugendlichen gesagt. Dies tat ich durch viel Schwimmen im kalten Wasser. Außerdem hatte ich mir angewöhnt, mich auch im strengsten Winter – eingepackt in zwei dicke Pullover – spätabends im Dunkeln aufs Rad zu schwingen sowie draußen auf freiem Feld auch bei Schneegestöber über die Felder zu laufen, bis ich ins Schwitzen kam. Dann zog ich meine Oberbekleidung aus, wusch mich mit Schnee und fuhr danach frohgemut nach Hause. Meinen Freunden ging dieser Lebensstil zu weit, aber sie wußten meine Art zu schätzen.

Ich konnte somit, körperlich und geistig gerüstet, in eine Zukunft blikken, die mir auch bis Ende der 1930er Jahre durch Erfolge in wirtschaftlicher und politischer Hinsicht noch verheißungsvoll erschien.

Gewiß waren auch negative Vorkommnisse zu verzeichnen gewesen. Jedoch schienen solche Dinge meist nur vorübergehend zu sein, so daß sich kaum jemand darüber erregte. Ein Ereignis beispielsweise, das ich als unverständlich empfand, war, als 1938 das vor dem Gewandhaus stehende

Mendelssohn-Denkmal entfernt wurde. Nur weil Mendelssohn jüdischer Abkunft war? – Ich schätzte schon als Junge Mendelssohns Musik sehr und war nun über diese unverständliche Maßnahme sehr enttäuscht. Als wir am nächsten Tag darüber sprachen, meinte ein Kollege sarkastisch: *„Da hätten sie gleich das ganze Gewandhaus mit abreißen sollen!"* Aber, wie gesagt, solche Ereignisse nahmen wir im großen Geschehen nur am Rande wahr.

Die Verhandlungen mit Polen hatten 1938 noch auf eine aussichtsreiche Einigung hingedeutet. Ich habe noch heute die Wochenschaubilder in Erinnerung, wo Göring mit dem polnischen Außenminister Beck zur Jagd geht und alles auf eine baldige Einigung hindeutete. Jedoch die „höhere Politik" hatte es anders gewollt und so kam es zu Spannungen, die letztendlich zum Krieg führten.

Wie erwähnt, hatte ich mich für die Fliegerei interessiert. Aber von der Verwandtschaft und Bekannten wurde ich beeinflußt, mich bei der Marine zu bewerben. Mit Hinblick auf meine Lebensart und Ausbildung sei dies für mich eine aussichtsreiche und sichere Laufbahn, riet man mir.

So saß ich eines Tages nach abgelegter Eignungsprüfung zwei Marineoffizieren gegenüber und erfuhr, daß ich für die Maschinenlaufbahn vorgesehen sei. Nach weiterer Befragung gab ich auch Auskunft über meine im DAF-Kurs erworbenen Kenntnisse der Funktechnik. Daraufhin wurde ich an einen weiteren Offizier überwiesen, der mich über meine diesbezüglichen Kenntnisse ausfragte, mir dann eine Morsetaste zuschob und mich aufforderte, seine mir vorgeführten Morsezeichen nachzutasten. – Volle Anerkennung! Damit war ich nun *„Matrose IV-FK, Werner Schneider".* *„IV-FK"* bedeutete Funklaufbahn, darüber war ich erfreut.

Allmählich zeichnete sich die kommende Auseinandersetzung in der Politik ab. Noch wurden angestrengte Verhandlungen geführt, besonders durch den Außenminister Ribbentrop und den englischen Außenminister Henderson. Man war immer noch überzeugt, daß kein eigentlicher Kriegsgrund vorhanden war, da die Vorschläge Hitlers für einen Ausgleich mit Polen vernünftig erschienen und es zugleich so aussah, daß Polen einwilligen würde.

Meine Einberufung selbst konnte zurückgestellt werden, damit ich meine Ausbildung abschließen konnte. So war ich nun gut vorbereitet für die kommenden Ereignisse.

Nochmals gingen meine Gedanken zurück zu den Erlebnissen meiner Jugendzeit. Wir waren nicht immer brave Schüler gewesen. Zum Beispiel waren wir beim Unterricht mit unserem jungen Studienassessor auf die Idee gekommen, zu beweisen, was wir aushalten konnten. Im kalten Winter zogen wir uns bis auf die Sporthose und die Turnschuhe aus. Als uns Fußgänger vor der Schule erblickten, hielten sie uns für verrückt. Ein paar Radfahrer, die dick eingepackt zur Arbeit fuhren, schimpften sogar auf uns.

Wir aber rannten noch zwei Straßenzüge weiter auf einen freien Platz neben der Mädchenschule und spielten für ein paar Minuten Fußball. Zurückgekehrt, mußten wir auf der Toilette dann unter großem „Hallo" feststellen, daß „es" nicht mehr klappte, weil wir völlig eingefroren waren. Gibt es größeren Unsinn? Wir aber waren stolz auf unsere Mutprobe.

Studienassessor Sparmann war ein weiterer interessanter Fall. Er war sehr schlank, so daß wir ihm den Spitznamen „Spargel" gaben. Wir sollten uns jedoch in ihm getäuscht haben! Als wir in der Turnhalle zunächst mit dem Medizinball übten, warfen wir den Ball auch gelegentlich mit voller Wucht nach ihm, so daß er ein paarmal etwas zur Seite taumelte. Er hatte aber nur ein Lächeln dafür übrig. Als wir danach am Reck versuchten, einige Übungen zu exerzieren, trat er heran und führte uns eine exakte Schwungkippe vor. Wir staunten und sagten kein Wort mehr.

Später referierte er im Klassenzimmer über germanische Mythologie. Da warf jemand ein zerknülltes Stück Papier nach ihm. *„Wer war das...? Wer war das...!"* Doch niemand bekannte sich zu der Tat. Da ließ er verächtlich seinen Blick über uns schweifen und sagte: *„Daran sieht man, daß nur noch ein geringer Prozentsatz germanischen Wesens in unserem Volke vorhanden ist!"* Damit waren wir blamiert.

1936 hatte ich meine Schulzeit mit dem Zeugnis der Mittleren Reife abgeschlossen.

1938 war es auch mit einem Mädchen zu einer näheren Bekanntschaft gekommen. Sie hieß Martl und war bei der mir bekannten Familie Rauschenbach zu Besuch eingeladen. Wir faßten bald Vertrauen zueinander und füllten die Freizeit aus mit Schwimmen und Ausflügen und auch einem Besuch der Lortzing-Oper „Der Wildschütz" im Neuen Theater. Es gab auch Zärtlichkeiten, die aber nicht zu weit führen durften. *„Martl, du mußt achtgeben! Der Werner kann dich nicht heiraten",* wurde sie belehrt.

Ich war ohnehin fest entschlossen, alles zu vermeiden, was irgendwelche Folgen haben könnte. Daran hatte ich bis zu meiner Heirat festgehalten.

Später lernte ich noch Paula aus Dessau kennen, mit welcher es zu gelegentlichen gegenseitigen Besuchen kam. Meist aber verkehrten wir nur brieflich miteinander.

Die Kriegsmarine ruft

Am 7. April 1940 erhielt ich endlich meinen Einberufungsbefehl zum Melden bei der 6. Schiffsstammabteilung in Wilhelmshaven. Sorgfältig wurde alles nach Vorschrift zusammengestellt und verpackt. Als Letztes gab mir noch meine Mutter ein Päckchen mit Schinkenbrötchen und ein paar Zutaten mit auf die Reise.

Nachdem alles vorbereitet worden war, stieg ich auf dem Leipziger Hauptbahnhof in den Zug. In einer besonderen Stimmung war ich nicht, nur etwas neugierig auf das, was auf mich zukommen würde.

In dem Abteil saßen bereits ein paar junge Leute meines Alters. Zwei davon unterhielten sich in bayrischem Dialekt. Als wir den Bahnhof verließen und die ersten Häuser sichtbar wurden, fiel besonders der Kristallpalast ins Auge, und ich hörte durchaus mit etwas Stolz, wie die Anwesenden besonders darauf hinwiesen.

Die Fahrt ging durch die Magdeburger Börde, wo, wie mir aus dem Erdkundeunterricht erinnerlich war, hauptsächlich Zwiebeln angepflanzt wurden. Vielleicht war ich durch diesen Gedanken dazu angeregt worden, daß ich mit gutem Appetit das erste Schinkenbrötchen verzehrte.

Etwas später waren noch drei Soldaten zugestiegen, die bereits erste Kriegsauszeichnungen trugen. Der Feldwebel, mit dem EK I ausgezeichnet, war gut aufgelegt. Er fragte uns lachend, wohin wir denn wollten, und nun erfuhr ich, daß wir alle zur gleichen Station nach Wilhelmshaven kommandiert waren.

Aufmerksam wurden wir plötzlich, als wir an einer Stelle vorbeifuhren, wo polnische Kriegsgefangene beschäftigt waren. Auf einer Pritsche saß ein Reservist in Wehrmachtsuniform. Er hatte wohl die Aufsicht über die Gefangenen und winkte uns zu. Der Feldwebel rief den Gefangenen etwas auf polnisch zu, worauf jene lachend zurückriefen und uns zuwinkten. – So lustig war der Krieg?

Als wir in Wilhelmshaven einliefen, war ich erstaunt über die Wassermassen, die sich im Hafen ausdehnten, so weit ich blicken konnte. Kleinere Seen und Flüsse hatte ich kennengelernt, doch das plötzliche Erscheinen dieser ausgedehnten, nicht überschaubaren Wasserfläche war doch etwas völlig Neues für mich.

„Sechste Schiffsstammabteilung hier antreten!" Kaum daß wir aus dem Zug ausgestiegen waren, wurden wir sogleich belehrt, wo und wozu wir hierher beordert waren. Im Gleichschritt ging es in Richtung Kaserne.

Der Anblick der Kasernengebäude wirkte etwas nüchtern. Alles war grau in grau. In der Mitte war ein großer Kasernenhof mit zwei gegenüberliegenden Gebäuden zur Unterbringung der Mannschaften. Zur einen Seite hin lag das Wirtschaftsgebäude mit Küche und Speisesaal und gegenüber eine große Turnhalle. Wir wurden in den „Block Scharnhorst" eingewiesen, gegenüber befand sich der „Block Emden".

Bei meiner Körpergröße von 1,86 Meter wurde ich der ersten Korporalschaft zugeteilt. Wir machten uns sogleich miteinander bekannt. Dabei mußte ich feststellen, daß einige meiner neuen Kameraden über Teile der Seefahrt bereits gut unterrichtet waren, während sich für mich eine Fülle neuer Eindrücke eröffnet hatte. Daher war ich von Anfang an zurückhaltend und nicht sehr angenehm überrascht, als ich aufgrund meines Alters zum Stubenältesten ernannt wurde. Damit war ich verantwortlich für alle Vorkommnisse innerhalb unserer Stubengemeinschaft. Jetzt merkte ich, daß ein völlig neuer Abschnitt in meinem Leben begonnen hatte.

Zur Einführung wurde uns zunächst ein Matrosengefreiter zugeteilt, der sich uns gegenüber jovial verhielt und uns über viele schöne Dinge unterrichtete, die uns bei der Marine erwarteten. Er blies uns auf der Bootsmannspfeife vor und behauptete, sie klänge wie die Nachtigall. Das Fazit seiner Ausführungen war: *„Bei der Marine können Sie machen, was Sie wollen. Sie dürfen sich nur nicht erwischen lassen!"*

Mit zehn Mann waren wir in unserer Stube in fünf Doppelbetten untergebracht. Schon aufgrund der strengen Disziplin bestand bei uns von Anfang an ein Gefühl guter Kameradschaft, wenn es Schwierigkeiten zu überwinden galt. Denn wir mußten erst einmal unser ziviles Verhalten gegen die neue Disziplin austauschen. Mein Amt als Stubenältester nahm ich zunächst aus einer anfänglichen Unsicherheit heraus etwas zu streng wahr. Aber das legte sich bald, und ich hatte dann vollkommen gutes Einvernehmen mit meinen Kameraden.

Wer uns gutes Benehmen bei der Marine beibringen sollte, war unser Korporalschaftsführer, Bootsmaat Dietze. Kaum daß morgens das Wecksignal der Bootsmannspfeife verklungen war, wurde die Tür aufgerissen und seine durchdringende Stimme ertönte: *„Sind sie noch nicht raus aus den Betten!"* Dann folgten noch ein paar weitere ermunternde Redensarten.

Nach der Morgentoilette und dem Frühstück begann pünktlich der Infanteriedienst. Acht Wochen waren dafür vorgesehen und solange gab es auch keinen Ausgang. Kein Radfahren mehr, keinen Waldlauf, kein Schwimmen im Kanal mehr, das war doch eine Umstellung!

Der Bootsmaat war einen Kopf kleiner als wir, aber er machte uns von vornherein klar, daß in unserer Korporalschaft strenge Disziplin zu herrschen hatte. Das schloß jedoch nicht aus, daß es gelegentlich zu Szenen kam, über die wir herzlich lachen mußten.

Die Redensarten, mit denen der Bootsmaat uns bedachte, waren entsprechend: *„Sie Wahnsinnshering! Je länger, um so dümmer! Lachen sie nicht...! Hinlegen – auf! – Hinlegen – auf!"*

Rekrutenkompanie 6. S.St.A. Wilhelmshaven, 1. Korporalschaft

Gruppenbild mit Bootsmaat Dietze (Mai 1940)

Oder zu mir gewandt: *"Was, Sie wollen sechs Sprachen sprechen? Sie sind ja nicht wert, von der Sonne dieses Landes beschienen zu werden!"* Da war ich doch etwas verblüfft. Wahrscheinlich hatten sie meine Postkarten eingesehen, welche ich an meine ehemaligen Lehrkräfte je in englischer, französischer, italienischer und auch in russischer Sprache abgefaßt hatte.

Die achtwöchige Rekrutenausbildung empfand ich in körperlicher Hinsicht geradezu als wohltuend, da mir die Übungen auf dem Kasernenhof in der frischen Seeluft meine bisherige sportliche Betätigung ersetzten.

Der Abschluß dieser Ausbildung wurde gekrönt mit einem zwölf Kilometer langen Fußmarsch mit vollem Gepäck. Nach einer Geländeübung gab es ein herzhaftes Essen aus der Gulaschkanone. Beim Rückmarsch setzten sich dann innerhalb des Stadtgebietes die Militärkapelle und der Kompanieführer an die Spitze unserer Marschkolonne, so daß wir mit einem angenehmen Gefühl der Vollwertigkeit mit klingendem Spiel in unser Kasernengelände zurückkehrten.

Ein paar Tage später mußten wir auf dem Kasernenhof vor einigen Offizieren in kleinen Gruppen oder einzeln Exerzierübungen vorführen. Weder davor noch danach hatten wir unsere Knochen jemals so zusammengerissen wie bei dieser Schau. Die Belobigung fiel danach auch entsprechend anerkennend aus.

Wie wenig wir eigentlich für den Krieg vorbereitet waren, zeigte sich auch dadurch, daß die Nachrichtenschule in Aurich, Ostfriesland, wo wir unsere erste Ausbildung als Funker erhalten sollten, noch im Bau war. Daher wurden wir vorerst auf ein Übergangskommando in Brake, Oldenburg, zur XII. Schiffsstammabteilung versetzt.

Vier Wochen verbrachten wir dort mit Segeln und Schwimmen und wurden auch ein wenig mit den Anfängen der Funktechnik vertraut gemacht. Wir durften schon die ersten Tastversuche im Geben und Abhören von Morsezeichen erlernen. Damit wir aber bei diesem leichten Dienst, der beinahe einer Erholung glich, nicht übermütig würden, erfolgte bei den kleinsten Vergehen gegen Ordnung oder Disziplin sofort eine Bestrafung, meist in Form von Wachdienst. *"Drei Tage M.v.D."* (Matrose vom Dienst) hieß es dann.

Von allem, was sich soweit außerhalb unserer Kasernen zutrug, nahmen wir kaum etwas wahr. Zwar hatten wir in der Rekrutenkompanie einmal einen Vortrag über die Besetzung Dänemarks und Norwegens gehört, die mit größeren Verlusten verbunden war. Aber der Enderfolg minderte unsere Bedenken. Durchaus ermutigend waren besonders auch die ersten Erfolge unserer Luftwaffe bei Kämpfen gegen die britische Royal Air Force und die Versenkung des Schlachtschiffes „Royal Oak" durch Kapitänleutnant Prien, der als der „Stier von Scapa Flow" bezeichnet wurde. Es ging offenbar nur vorwärts, Schlag auf Schlag!

Einmal hörte ich nachts auf Posten in weiter Ferne ein dumpfes, rollendes Geräusch von fliegenden Verbänden und nahm ein gelegentliches Aufblitzen weit entfernter Scheinwerfer wahr. Die Ahnung der Wirklichkeit des Krieges kam zum ersten Mal in mir auf. Alles bisher auf dem Kriegsschauplatz Geschehene war mir nur durch Zeitungsberichte und Rundfunk übermittelt worden. Nun erst bekam ich das Gefühl, daß ich selbst in die Ereignisse hineingezogen wurde.

Etwas Aufregung hatte es in Brake noch gegeben, als wir am 10. Mai 1940 plötzlich auf den Kasernenhof befohlen wurden und der Kompanieführer uns in einer kurzen Ansprache mitteilte, daß soeben unsere Truppen im Westen zum Angriff gegen die Niederlande, Belgien und Luxemburg angetreten waren. Das bedeutete, daß nunmehr die Kampfhandlungen in großem Umfange begonnen hatten. Zum Schluß sagte er noch, daß er bald mit uns losmarschieren würde. – „Ja, wie denn...?" dachte ich. Wir waren doch nicht im geringsten vorbereitet! Vielleicht war es nur plötzliche Begeisterung, die ihn zu solchen Worten veranlaßt hatte.

Schon bald war unser „Erholungsurlaub" in Brake beendet. Ich hatte einen guten nachhaltigen Eindruck mitgenommen und blickte gespannt unserer nächsten Ausbildungsstufe auf der Marineschule in Aurich entgegen. Sobald wir dort angekommen waren, trat der weitere Verlauf der Kriegsereignisse wieder etwas in den Hintergrund.

Auch jetzt noch war in Aurich alles erst in Vorbereitung. Unser Kompaniegebäude war, bis auf unsere Stuben, noch nicht fertig ausgebaut, und die Schulgebäude befanden sich noch im Rohbau.

Meiner Erinnerung nach waren sieben Kompanien vorgesehen. Unser neuer Kompaniechef begrüßte uns mit einer Ansprache in etwas ermunterndem Ton, machte uns aber in bezug auf die erwartete Disziplin darauf aufmerksam, daß wir nicht als Schüler, sondern als Soldaten hierher kommandiert waren.

Ich muß sagen, daß ich hier mit Begeisterung an der gesamten Ausbildung teilnahm. Aufgrund meiner beruflichen Ausbildung und besonders durch meinen DAF-Kurs für Funktechnik hatte ich bereits gute theoretische Grundlagen, und die weitere Ausbildung darin fand ich beinahe faszinierend. Das Geben und Hören von Morsezeichen beherrschte ich leicht. Sportlich war ich auf der Höhe und erwarb auch hier das Reichssportabzeichen ohne besonderes Training.

Bisher waren keinerlei traurige Gedanken in bezug auf die verlorengegangenen Abwechslungen wie Radfahren, Wandern, Schwimmen und private Studien, vor allem sprachliche, in mir aufgekommen. Der hiesige Tagesablauf war ja ausgefüllt mit so vielen neuen interessanten Eindrücken.

Mit dem Unterricht ging es zügig voran. Zur körperlichen Ertüchtigung gab es Exerzieren, etwas Leichtathletik und Schwimmen, jeweils ein paar Stunden pro Woche.

Im Schwimmbad hatte ich allerdings einmal Pech. Als ich nach gewohnter Manier mit Anlauf ins Wasser springen wollte, rutschte ich auf dem nassen Zement aus, schlug mit dem Kopf auf und rutschte ins Wasser. Als meine Kameraden nur eine Blutlache auftauchen sahen, waren sie sehr erschrocken. Ich wurde mit dem Krankenwagen ins Krankenrevier gebracht, aber gleich nach der Behandlung wieder entlassen. Zu meiner Beruhigung erhielt ich keine Strafe, nicht einmal eine Rüge.

Die Unterbringung in den neugebauten freundlichen Gebäuden in Aurich wirkte sich auch günstig auf unser Verhalten in einer geistig fördernden Atmosphäre aus. Mir war während jener drei Monate keinerlei Bestrafung bekannt geworden. Das Verhältnis zu unseren Vorgesetzten war beinahe freundlich zu nennen. Kleine gelegentliche Vergehen wurden schnell aus dem Weg geräumt.

Einmal wurde ich mit einem Kameraden auf die Stube des Zugführers gerufen. Zu unserer Überraschung bot er uns ein Gläschen Likör an. Da ich aber Antialkoholiker war, lehnte ich höflich ab, worauf er mich lachend ermunterte, es wäre ja nur ein leichter Damenlikör.

Zwei Jahre später traf ich in La Spezia einen Kameraden wieder, der mir erzählte, daß er noch mit einem Funkmaat in Aurich in Briefwechsel stünde und dieser ihm berichtet hätte, daß nunmehr auf der MNS Aurich eine sehr strenge Disziplin herrsche und die Funkgasten nichts zu lachen hätten. – Ich mußte augenblicklich zurückdenken. Funkmaat Seidel war unser Korporalschaftsführer gewesen. Nichts konnte ihn aus der Ruhe bringen. Alles, sogar gelegentliche Rügen, wurden in ruhigem Ton vorgetragen. Wie sah es dagegen wohl jetzt aus auf der MNS?

Rückblickend stelle ich fest, daß jene drei Monate auf der MNS Aurich zu den schönsten Erinnerungen meiner Ausbildungszeit gehören.

Werner Schneider im April 1940 in Wilhelmshaven

Zur U-Bootwaffe

Ende August kam für mich der entscheidende Tag. Funkmaat Enders stand plötzlich vor mir: *„Schneider, Sie sind für die U-Bootwaffe ausgewählt worden! Wollen Sie gehen?"*
Ich war völlig überrascht. Ich konnte mir gar nicht vorstellen, daß ich angesichts meiner Körpergröße für die Enge eines U-Boots geeignet wäre. Außerdem kam mir sogleich das Schicksal meines Onkels Hugo Lissner in Erinnerung. Er war Maschinenmaat auf „UB-116" gewesen, das am 28. Oktober 1918 als letztes deutsches U-Boot bei Scapa Flow versenkt worden war. Etwas zögerlich brachte ich hervor: *„Ich wollte eigentlich lieber auf ein Schnellboot oder Räumboot gehen."*
Enders blickte mich verdutzt an: *„Was, Sie wollen nicht auf ein U-Boot? Ich an Ihrer Stelle wäre stolz, wenn ich auf ein U-Boot käme!"*
„Ja, was denn nun!" dachte ich. Also war ich eben stolz und sagte: *„Jawohl, ich gehe aufs U-Boot!"*

Wie ich erfuhr, waren aus jeder Kompanie je 13 Funkgasten ausgewählt worden, welche die besten Ergebnisse bei den Prüfungen erreicht hatten und in körperlicher Hinsicht für die U-Bootwaffe geeignet waren.
Der Lehrgang war nach drei Monaten beendet, und alle Teilnehmer wurden auf verschiedene Kommandos überwiesen. Für uns als künftige U-Boot-Fahrer war ein U-Boot-Zusatzlehrgang auf der MNS Flensburg-Mürwik vorgesehen.
Am 3. September 1940 trafen wir spätabends mit der Eisenbahn in Flensburg ein. Mit Gepäck mußten wir in der Nacht bis zur Nachrichtenschule Mürwik marschieren. Hier wurde der vorangegangene Lehrgang fortgeführt, wobei ausführlich Geräte behandelt wurden, die für das U-Boot wichtig waren, wie Peilen, Unterwasserhorchen, UKW-Telegraphie, Regeln des Funkverkehrs und insbesondere Vorschriften der Geheimhaltung, sowie weiteres Üben im Hören und Geben von Morsezeichen. Die sechs Wochen waren ohne besondere Abwechslung schnell vergangen.

Das nächste Kommando sollte unsere Ausbildung auch in seemännischer Hinsicht vervollkommen. Am 14. Oktober 1940 standen wir vor einer riesigen Schiffswand, aus welcher uns zahlreiche Bullaugen anblickten. Etwa in der Mitte der Wand befanden sich zwei türgroße Öffnungen, zu welchen von links und von rechts je ein Fallreep hochführte, die mir im Verhältnis zu der riesigen Fläche der Wand winzig erschienen. Natürlich war ich erstaunt, als ich zum ersten Mal vor solch einem Schiffskoloß stand. Durch diese beiden Öffnungen sollten wir also hinein- und herauskriechen, dachte ich.

Infanteriedienst auf der MNS Mürwik

Auf dem berühmten KdF-Schiff „Robert Ley" (U-Lehrdivision)

Werner Schneider im September 1940

Vorn am Bug konnte ich den Namen lesen: „Robert Ley". Dies war es also, das berühmte KdF-Schiff! Wie würden wohl wir als Soldaten hier untergebracht sein?

Das Kommando hieß „U-Lehrdivision". Der Kommandant war Korvettenkapitän Zerpka, berüchtigt für sein hartes Zugreifen in bezug auf Disziplin und exakt vorschriftsmäßige Kleidung beim Anlandgehen, falls man dazu kam. Er wollte selbst bei Matrosen Mützenbänder kurzgeschnitten haben, wenn sie der Vorschrift nach zu lang waren. Sein Standpunkt war, dieses Schiff biete uns zuviel Luxus. Deshalb sorgte er durch strenge Disziplin dafür, daß wir nicht übermütig würden. Vielleicht hatte er recht.

Zusammen mit zwei weiteren Kameraden bekam ich eine aufs Modernste eingerichtete Kabine mit zwei Betten. Einer mußte allerdings in einer Hängematte schlafen, für die erst später zwei Haken eingeschweißt worden waren. Und da behaupten Leute, diese Schiffe seien nur für den Krieg gebaut worden!

Unsere Wäsche gaben wir in der Bordwäscherei ab, die von Chinesen betrieben wurde. Die Mahlzeiten wurden uns mit erstklassigem Geschirr und Besteck serviert. So war beinahe alles ganz wie in Friedenszeiten erhalten geblieben.

Einrichtungen wie Lesesaal, Theatersaal usw. standen uns auch zur Verfügung. Das Schwimmbad war allerdings für Tauchübungen vorbehalten. Ungefähr konnten wir uns eine Vorstellung machen, was diese Schiffe in Friedenszeiten für die arbeitende Bevölkerung bedeutet hatten.

Unsere Kompanie war in zwei Gruppen eingeteilt. Ich gehörte der Gruppe der unteren Dienstgrade an, während die Teilnehmer der anderen Gruppe bereits zu Funkmaaten befördert waren. Da wir nun alle denselben Lehrgangsbestimmungen unterworfen waren, traten gelegentlich Mißstimmungen auf, weil die Maate nicht auf gleicher Ebene behandelt werden wollten.

Eines Tages war ein Besuch des Oberbefehlshabers der U-Bootwaffe, Admiral Dönitz, angesagt. Dafür mußte natürlich die Uniform in tadelloser Ordnung sein. Die Maate waren gerade wieder einmal zur Ordnung gerufen worden. Deshalb kamen sie nun, wohl um sich zu „rächen", auf eine besonders abwegige Idee.

Unsere Mützen waren, um die Form zu behalten, mit einem Drahtbügel versehen. Um die Mütze etwas flotter aussehen zu lassen, wurde der Bügel mehr oder weniger nach hinten gezogen und manchmal auch mit einem Kniff versehen, was natürlich nicht der Vorschrift entsprach. Nun redeten die Maate auf uns ein, wir sollten den Bügel besonders stramm machen und nach oben ziehen, so daß die Mütze ungewöhnlich steif erschien. War das nicht gegen die Vorschrift? Wir mußten lachen, als wir uns gegenseitig betrachteten.

Die Kompanie war angetreten.
„Stillgestanden! Augen rechts!"
Ich erblickte Dönitz zum ersten Mal und fand ihn sofort sympathisch. Sein Aussehen und Auftreten wirkten auf mich einfach und korrekt.

Jetzt begann er, in Begleitung von Korvettenkapitän Zerpka unsere Kompanie abzuschreiten. Er wandte sich an Zerpka und zeigte auf uns, wohl verwundert über unser Aussehen, worauf dieser verlegen irgend etwas erwiderte. Es geschah aber nichts, und auch danach wurde von keiner Stelle ein Wort verloren. Die Maate aber hatten heimlich einen Triumph gefeiert.

Der Dienst war für uns künftige U-Boot-Fahrer streng und im Seemännischen besonders hart. Da hieß es zupacken, und alle Handgriffe mußten sitzen. Etwas Entspannung boten uns gelegentliche Ausflüge zum Bernsteinsuchen am Strand.

Die große Ausnahme war jedoch der Sanitätsunterricht. Der unterrichtende Leutnant legte kaum Wert auf militärisches Verhalten. Er hatte immer ein Lächeln um den Mund und untermalte seine Ausführungen oft mit scherzhaften Bemerkungen.

Als Funker auf dem U-Boot hatten wir bei Unfällen Erste Hilfe zu leisten. Was mich dabei besonders berührte, war der vorgesehene Gebrauch einer Säge im Falle schwerer Knochenverletzungen.

Zugegeben, hier auf der „Robert Ley" war ich zum ersten Male etwas wehmütig geworden. Diese Abkapselung – ich war bisher noch niemals an Land gegangen – lenkten meine Gedanken, wenn ich abends auf dem Deck spazierenging und in die Ferne blickte, oft wieder zurück zu der Zeit, als ich mich frei in der Natur bewegen konnte. Das Wissen, daß Funkgasten, die auf andere Dienststellen versetzt worden waren, bereits einen Urlaub erhalten hatten, steigerte meine Wehmut zusätzlich.

Schon nach acht Monaten war unsere Ausbildung einschließlich der Rekrutenzeit beendet. Im Frieden hatte diese Ausbildung zwei Jahre gedauert. Nun war uns bereits alles vermittelt worden, was zum aktiven Dienst auf einem U-Boot nötig war.

Wie sah zu dieser Zeit die militärische und politische Lage aus?

Die Erfolge unserer Wehrmacht in Frankreich hatten wir als selbstverständlich hingenommen. Dafür hatte schon die Propaganda gesorgt, die von vornherein die Tapferkeit unserer Truppen wie auch die Überlegenheit unserer militärischen Führung entsprechend hervorgehoben hatte.

Am 6. September 1940 hatten die Briten ihre Bombenangriffe bis nach Berlin ausgeweitet, was von deutscher Seite mit Gegenangriffen auf London beantwortet wurde. Von nun an bekam auch die Zivilbevölkerung die Härte des Krieges zu spüren.

Am 27. September 1940 wurde der Dreierpakt zwischen Deutschland, Italien und Japan zur politischen, wirtschaftlichen und militärischen Unterstützung geschlossen.

Am 28. Oktober 1940 hatte der italienische Feldzug gegen Griechenland begonnen, war aber nach vier Wochen gescheitert. In Nordafrika hatten die Italiener im September ihre Offensive begonnen und konnten durch Libyen bis nach Ägypten vorstoßen und Sidi Barani erreichen, konnten aber danach ihre Erfolge ohne deutsche Hilfe nicht fortsetzen.

Auch unsere Kriegsmarine, insbesondere die U-Bootwaffe, wartete mit großen Erfolgen auf. Zum Beispiel meldete der Wehrmachtsbericht vom 18. Oktober 1940, daß Kapitänleutnant Prien als erster die Versenkung von 200.000 BRT Schiffsraum überschritten hatte. Insgesamt waren innerhalb von nur zwei Tagen über 327.000 BRT feindlichen Handelsschiffsraums versenkt worden.

Mit meinen Kameraden sprach ich über die Ereignisse an den Fronten nur, wenn ein durchschlagender Erfolg gemeldet wurde. Und sogar diese Erfolge nahmen wir beinahe als selbstverständlich hin. Ich selbst war eigentlich nur darauf gespannt, welches *mein* nächstes Kommando sein würde.

Auf U-Tender „Isar"

Am Montag, dem 2. Dezember 1940, erhielt ich den Marschbefehl zum Eintreffen in Wilhelmshaven auf U-Tender „Isar". – Zum zweiten Mal also nach Wilhelmshaven! Erst vor acht Wochen war mir dort beigebracht worden, was es heißt, Soldat zu sein. Diesmal aber war ich schon „wer"!

Endlich war es soweit! Zum ersten Mal Dienst auf einem Schiff, wo ich nicht nur Befehle auszuführen hatte, sondern wo es in erster Linie darauf ankam zu zeigen, wie ich meine erworbenen Kenntnisse in die Praxis umsetzen konnte. Vor allem auch sollte das Verhältnis zu den Vorgesetzten auf kameradschaftlicherer Basis beruhen, hatte man mir wiederholt gesagt.

Am 2. Dezember 1940 rollten wir, vier oder fünf Mann stark, mit der Eisenbahn nach Bremen, wo wir einen halben Tag Aufenthalt hatten. Hier konnte ich zum ersten Mal mit ein paar Kameraden einen Spaziergang durch die Stadt unternehmen. Welch eine Freude: Keine Kontrolle, kein Ab- und Anmelden!

In Bremen war keine Kriegsmarine stationiert. Daher erregten wir etwas Aufsehen, und ehe wir uns versahen, wurden wir von ein paar interessierten Männern zu einem Glas Wein eingeladen. Es war eine angeregte Unterhaltung und blieb nicht bei nur einem Glas Wein. Dies hatte zur Folge, daß meine Stimmung danach etwas gehobener und mein Gang zum Bahnhof etwas schwankender war. Doch nach so langer Zeit: Welch ein Gefühl der Freiheit!

In guter Stimmung kletterten wir auf dem Fallreep der „Isar" zur Anmeldung. Der Empfang durch den Oberfunkmeister war freundlich, und unsere Unterbringung war schnell erledigt. Die Kabine, die uns zugewiesen wurde, war recht bescheiden, vor allem im Vergleich zu dem Luxus, den wir von der „Robert Ley" gewohnt waren. Trotzdem konnten wir uns bald gemütlich einrichten. Geschlafen wurde in Hängematten.

Der Dienst bestand hauptsächlich im Besetzen von Funkwellen, das heißt, wir mußten eingehende Funksprüche, die von Leitstellen und operierenden U-Booten gesendet wurden, aufnehmen, entschlüsseln und in die Funkkladde eintragen. Allerdings war der Funkverkehr eher spärlich, da die Boote wegen der Einpeilungsgefahr nur in dringenden Fällen funken durften. Und selbst senden durften wir nur bei Übungen mit der Funkleitstelle.

Gleich zu Beginn wunderte ich mich, wie verhältnismäßig friedlich es hier zuging. Wilhelmshaven war doch meines Wissens der bedeutendste Kriegshafen des Deutschen Reiches und hätte somit schon lange ein wichtiges Ziel feindlicher Luftangriffe sein müssen. Doch meine Erfahrung in dieser Hinsicht sollte schon recht bald drastisch erweitert werden.

Zu Weihnachten und Neujahr durften wir aber noch einmal nach Herzenslust feiern. Zur Neujahrsfeier zogen wir einen Karren mit gefüllten Rumflaschen ans Schiff und stellten vom Funkraum aus ein lustiges Programm für das ganze Schiff zusammen.

Nicht weit von uns lag das Schlachtschiff „Tirpitz", das Schwesterschiff der „Bismarck". Es sollte am 15. oder 16. Januar 1941 verholt werden, wahrscheinlich zu weiteren Arbeiten bis zur Fertigstellung.

In jener Nacht hatte ich auf der „Isar" alleine Nachtdienst im Funkraum. Spätabends gab ich für das ganze Schiff noch Nachrichten durchs Mikrofon. Danach wurde es ruhig, und soweit kein Funkverkehr war, las ich in einem Buch oder hing meinen Gedanken nach.

Da heulten plötzlich die Sirenen auf, und fast gleichzeitig begann das Ballern der Flakgeschütze! Urplötzlich war das ganze Schiff aus dem Schlaf gerissen. Geschriene Kommandos, krachende und klirrende Geräusche an Deck, und schon wurde aus allen zur Verfügung stehenden Rohren geschossen.

„Wumms!" und dann noch einmal: „Wumms!" – Zweimal wurde unser Schiff hochgehoben und sank wieder zurück. Nein, wir hatten keinen direkten Treffer erhalten, aber das Höllengerassel ging weiter.

Ich selbst war unschlüssig, wie ich mich verhalten sollte. Es waren für solch einen Fall keine Anordnungen vorgesehen. Trotzdem war ich innerlich ruhig geblieben. Mein Befehl lautete ja, daß ich die Welle nicht verlassen durfte. Hätte ich denn, völlig unvorbereitet, an den Geschützen überhaupt helfen können?

An Land ertönten noch Bombenexplosionen in der Nähe und fernab. Als das Getöse allmählich abebbte und ich keine Stimme mehr an Bord hörte, schaltete ich kurzentschlossen alle Geräte aus, zog mich warm an und kletterte über einen Riesenhaufen von Geschoßhülsen zum Fallreep.

Zunächst lief ich in der eisigen Kälte etwas planlos und benommen umher, bis ich nahe der Kantine Stimmen vernahm. Dort bot sich mir ein grausiges Bild: Gleich neben der Kantine befand sich ein Geräteschuppen für den Feuerlöschzug. Im gleichen Augenblick, als die Mannschaft die Geräte herausholte, war eine Bombe mitten unter ihnen eingeschlagen und hatte alle getötet, man kann fast sagen: zerfetzt. Die Bombe hatte außerdem die Fenster und einen Teil der Wand der Kantine zertrümmert und meine Kameraden, die sich dort schlafen gelegt hatten, schwer verletzt.

Einige waren schon herbeigeeilt und mit Aufräumen beschäftigt. Es wurde in der grausigen Atmosphäre kaum ein Wort gesprochen. Ich griff sofort zu, nahm einen Eimer mit Wasser und begann, Gehirnteile und Eingeweide von den Wänden abzuwaschen.

Sofort als ich des grausigen Bildes ansichtig wurde, waren augenblicklich all meine Gefühle wie ausgeschaltet. Ich hatte keinerlei Empfindungen mehr, meine Gedanken waren völlig wie ausgelöscht und ich bewegte mich wie ein Roboter. *„Tu deine Pflicht!"* sagte meine innere Stimme nur.

Die Fähigkeit, meine Gefühle in den gefährlichsten Situationen abschalten zu können, war mir später besonders bei Wasserbombenangriffen sehr zum Vorteil geworden, wie mir Kameraden wiederholt bestätigten.

Obwohl doch sicherlich die „Tirpitz" das Ziel des Luftangriffs gewesen sein mußte, konnte ich am nächsten Tag zwei Aufnahmen machen, wie das Schlachtschiff „Tirpitz" in einiger Entfernung unbeschädigt und stolz an uns vorüberfuhr. Die Briten hatten die „Tirpitz" also offenbar verfehlt, dafür aber besonders im Stadtgebiet zahlreiche zivile Schäden angerichtet. Oder war gar dies ihr eigentliches Ziel gewesen?

Der Dienst auf der „Isar" wurde sofort nach dem Angriff wieder aufgenommen. Künftig sollten wir bei Fliegeralarm sofort abschalten und in den Luftschutzraum gehen.

Mein erster Fronturlaub

Eine freudige Überraschung war die Genehmigung meines Urlaubsgesuches. Meine Erwartungen waren groß, denn zum ersten Mal wollte ich mich mit meiner Brieffreundin Anita in Berlin treffen.

Wie es dazu kam? – Nun, auf der MNS Aurich machten meine Kameraden reichlich davon Gebrauch, mit Brieffreundinnen zu korrespondieren. Da diese Art von Bekanntschaft jedoch nicht meinen Gefühlen entsprach, wollte mich ein Kamerad überzeugen, daß er für mich das rechte Mädel habe. Sie habe das Abitur und sei gut erzogen, also genau das richtige für mich.

Nun ja, ich konnte ja nicht immer abseits stehen. Also begann ich meinen ersten Brief wie folgt: *„Liebes Fräulein Anita!"*, fügte ein Foto von mir bei und schrieb, ich würde mich freuen, mit ihr in Briefwechsel zu treten. Die freundliche Antwort kam zu meiner Überraschung umgehend und die Verbindung blieb. – Ob mein Herz diesmal doch etwas stärker klopfte? Denn auf dem Bild, das sie mir geschickt hatte, blickte mich eine hübsche, intelligente junge Dame an. Also: Am 14. Februar 1941 Treffpunkt Berlin, Potsdamer Bahnhof!

Am vereinbarten Treffpunkt herrschte überall Verdunkelung. Auch innerhalb der Bahnhofshalle konnte man die Menschen nur undeutlich erkennen. Nun hatte ich meine frühere Freundin Paula aus Dessau von dem geplanten Treffen unterrichtet, und sie wollte mir mit ihrem Freund, einem Feldwebel der Luftwaffe, beim Suchen behilflich sein. Doch auch mehrmaliges Hin- und Herlaufen und die recht laute Unterhaltung, wobei ich den Namen „Anita" öfter ausrief, brachte leider keinen Erfolg.

Ziemlich enttäuscht, aber nicht entmutigt, verbrachte ich meinen Urlaub daraufhin in Leipzig und besuchte Bekannte und Freunde, soweit sie noch nicht eingezogen waren. Außerdem verbrachte ich, ganz wie früher, viel Zeit in der freien Natur mit Radfahren und Spazierengehen.

Doch schon nach nur fünf Tagen erhielt ich ein Telegramm zur baldigen Rückkehr wegen Abkommandierung. Und so dampfte ich am 2. März 1941 mit der Eisenbahn zur Baubelehrung auf „U-431" nach Danzig.

Anita (Juli 1940)

Baubelehrung auf „U-431"

In Danzig angekommen, fragte ich ein junges Mädchen nach der Straßenbahnverbindung und sie erbot sich, mich zu begleiten. So kam es auch zu einer Verabredung am nächsten Tage zwecks Besichtigung der schönen Stadt. Es wurde jedoch leider nichts daraus, weil die Telefonverbindung nicht klappte.

Unsere Einheit war im ehemaligen polnischen Postamt untergebracht. Zu meiner freudigen Überraschung traf ich dort unseren ehemaligen Koch von der „Isar" wieder, der ebenfalls hierher versetzt worden war. Also war auch weiterhin hervorragendes Essen garantiert!

Der Zweck der Baubelehrung war, daß wir von Grund auf mit dem Zusammenbau des Bootes in allen Einzelheiten vertraut wurden. Rückblickend kann ich sagen, daß wir damit eine wertvolle Grundlage zur Bewältigung vieler gefährlicher Situationen erhielten, die ich unzählige Male auf meinen zwölf Fahrten auf drei Booten durchstehen mußte.

Leider aber kamen durch die rasche Aufrüstung der U-Boot-Flotte auch sehr viele junge Kameraden zum Einsatz, die nicht einmal unsere ohnehin schon verkürzte Ausbildung erhielten. Die U-Bootwaffe hatte wohl nicht zuletzt deshalb die größten Verluste aller Waffengattungen. Gewiß trug dazu auch besonders die Entwicklung neuerer Waffen, besonders des Radar, bei. Jedoch stimme ich aufgrund meiner persönlichen Erfahrung nicht mit der allgemeinen Auffassung überein, daß Radar alleine die entscheidende Wende herbeiführte.

Wie oft waren beispielsweise Situationen entstanden, da beim Alarmtauchen voller Einsatz in Sachen Schnelligkeit und Sicherheit gefordert waren! Ein entscheidender Fehlgriff, und Boot und Besatzung waren innerhalb von Sekunden verloren! Wie oft war dies geschehen? Wir können es nicht wissen. – Warum wurde bei jedem Auslaufen des Bootes, auch bei erfahrenen Besatzungen, immer wieder Alarmtauchen geübt? Die folgenden Ereignisse werden darauf Antwort geben.

Am 5. April 1941 wurde „U-431" als erstes Danziger Boot in Dienst gestellt, und somit war Danzig unsere Patenstadt geworden. „U-431" war ein Boot der Klasse VII-C, von der insgesamt über 650 Stück in Dienst gestellt worden sind – die größte Schiffsserie, die je gebaut wurde. Diese Boote waren der Hauptkampfträger der in den Geleitzugschlachten eingesetzten Boote im Nordatlantik und im Mittelmeer. Zu unserer Grundausrüstung gehörten vier Bugrohre, ein Heckrohr und zwölf Torpedos, eine 8 cm-Kanone, eine 3.7 cm-Flak und eine oder zwei 2 cm-Flak. Später erfolgten weitere Verbesserungen. Die Tauchtiefe lag bei 180 Metern und wurde von manchen Booten wiederholt weit überschritten, ohne daß diese Schaden nahmen. Die Besatzung betrug etwa 50 Mann.

Indienststellung von „U-431" am 5. April 1941 in Danzig
Reichsstatthalter Albert Forster begrüßt Offiziere
(rechts vorn: Kapitänleutnant Wilhelm Dommes)

Indienststellung von „U-431" am 5. April 1941 in Danzig

Die Zeit der Baubelehrung bedeutete für uns, daß wir täglich mit dem Bus zur Werft gefahren wurden, wo wir uns mit der Instandsetzung des Bootes gründlich vertraut machen konnten. Das Einvernehmen mit den Werftarbeitern, deren fachmännisches Können unbestritten war, war ausgezeichnet. Wir konnten für den Einbau und die Unterbringung unserer Funkgeräte sogar persönliche Wünsche äußern, die auch durchweg erfüllt wurden.

Am 24. Mai 1941 versenkte unser damals größtes Schlachtschiff „Bismarck" den britischen Schlachtkreuzer „Hood" und nach einer anschließenden langen Jagd durch britische See- und Luftstreitkräfte nach schweren Treffern schließlich sich selbst. Von über 2.000 Mann konnten nur 110 gerettet werden.

Als ich an dem Tage, als die Versenkung der „Bismarck" bekannt wurde, an Bord ging, kam der uns zugeteilte Arbeiter auf mich zu und umarmte mich. „*Alles junge Seeleute, alles junge Menschen wie du!*" sagte er mit bewegter Stimme. Sah er für mich das gleiche Schicksal voraus?

Mir kam schlagartig zu Bewußtsein, wie verbunden wir doch alle miteinander waren und wie deutlich der Begriff der Volksgemeinschaft hier zum Ausdruck kam.

Mit den Arbeiten am Ausbau unseres Funk- und Horchraums ging es zügig voran. Der Funkraum wurde ausgestattet mit einem Kurzwellensender und -empfänger, der zum Empfang von Nachrichten für das ganze Boot durchgeschaltet werden konnte. Im Horchraum bedienten wir das äußerst wichtige GHG (Gruppenhorchgerät), mit welchem wir, über 48 Stufen verstärkt, alle unter Wasser verbreiteten Geräuscharten auf große Entfernung hören und identifizieren konnten. Als wir im östlichen Mittelmeer operierten, konnten wir damit zum Beispiel die Bombenabwürfe unserer Stukas auf Malta einwandfrei hören. Außerdem erhielten wir noch einen Allwellenempfänger, der bei Ausfall eines anderen Empfängers als Ersatz benutzt wurde. Unser geheimstes Gerät aber war der „Schlüssel-M", der für Aufregung im Gebiet der Spionage gesorgt hatte. Letztendlich war es den Engländern aber doch noch gelungen, das Geheimnis des „Schlüssel-M" zu lüften.

Stolz lag unser Boot „U-431" zur Indienststellungsfeier am 5. April 1941 an der Pier der Schichau-Werft in Danzig. Die Werftarbeiter waren als Zuschauer an einem Gerüst nahe der Pier hinaufgeklettert, während schräg gegenüber eine Musikkapelle Aufstellung genommen hatte.

Zur Eröffnung der Feier war die gesamte Besatzung einschließlich des Kommandanten an Oberdeck angetreten. Vom Turm des Bootes aus hielt unser Flottillenchef, Korvettenkapitän Rösing, eine kurze Ansprache. Danach begaben sich die geladenen Gäste – Offiziere der Kriegsmarine, Offiziere des Heeres und Amtsträger der NSDAP, unter anderem der Reichsstatthalter von Danzig, Albert Forster – an Bord. Forster allerdings verabschiedete sich sogleich wieder wegen dringender Dienstangelegenheiten.

Am Abend waren wir zu einem Festessen mit köstlichen Getränken und Zehn-Pfennig-Zigaretten im Saal des Danziger Rathauses zu Gast. Mit dieser Feier waren alle Vorbereitungen für unseren Einsatz auf dem U-Boot abgeschlossen.

Nun sollten wir noch bei den taktischen Übungen zeigen, wie weit wir das bisher Gelernte beherrschten. Dazu wurden Verbände aus Schiffen zu kleinen Geleitzügen zusammengestellt, die durch Luftüberwachung geschützt waren. Die Aufgabe der angesetzten U-Boote war es, durch taktisches Verfahren in Angriffsposition zu kommen. Wir Funker waren dabei von Anfang an voll eingespannt. Im Gegensatz zum Atlantik-Funkverkehr herrschte hier keine Funkstille. Jeder Funkspruch mußte sofort entschlüsselt, in die Funkkladde eingetragen und bei wichtigen Meldungen sofort dem Kommandanten vorgelegt werden.

20. April 1941 (links hinten: Werner Schneider)

Die erste Feindfahrt

Somit konnten wir uns bestens vorbereitet auf den Weg zur ersten Feindfahrt begeben.

In Rönne, dem Hafen der dänischen Insel Bornholm, legten wir zu einer kurzen Überprüfung und weiteren Ausrüstung an. Da ich Freiwache hatte, ging ich mit meinem Funkmaat, Karl-Heinz Hüsken, für kurze Zeit an Land. Im Ort konnten wir sogar etwas Kontakt mit den Einwohnern aufnehmen, die freundlich waren und auch deutsch sprachen. In einer Konditorei wurden wir höflich bedient und ließen uns das köstliche Gebäck und den Kaffee gut schmecken, ganz wie im tiefsten Frieden.

Weiter ging es in einem Geleit bei sonniger Überwasserfahrt durchs Kattegatt und Skagerrak, die Wasserstraße zwischen Dänemark und Schweden. Ich genoß jeden Augenblick, den ich während meiner Freiwache auf der Brücke verbringen durfte, als sich unser Boot in ruhiger Fahrt unserem Ziel, dem Oslo-Fjord, näherte.

Im Skagerrak hatte die größte Seeschlacht des Ersten Weltkriegs stattgefunden. Hier hatte die Generation unserer Väter bewiesen, wie man der zahlenmäßigen Übermacht der britischen Flotte durch taktische Überlegenheit große Verluste beifügen und eine so ungleiche Schlacht wenigstens unentschieden beenden konnte. – Das alles waren für mich Gedanken aus einer fernen Welt. Und doch sollte ich bald selbst nun mittendrin stehen?

Ruhig zog „U-431" seine Bahn durch den Fjord. Hier war bei der Besetzung Norwegens der Schlachtkreuzer „Blücher" am 9. April 1941 beim Durchbruch durch den Fjord von der norwegischen Küstenwache versenkt worden.

Unweit jener Stelle, wo die „Blücher" auf Grund lag, legten wir im Hafen von Horten an. Beim Festmachen im Hafen war ich sogleich von der durch See und Nadelwald geprägten würzigen und belebenden Luft begeistert. Leider waren aber in diesem Gebiet nur kleinere Übungen mit einem anwesenden U-Boot vorgesehen.

Bald danach ging die Fahrt weiter an der norwegischen Küste entlang, vorbei an herrlichen Fjorden nach Drontheim. Gleich als ich sah, wie die steilen Felsen majestätisch aus dem Meer herausragten, war ich von der Schönheit dieser Natur gefangen. Unwillkürlich drängte sich in meinem Innern die Melodie der „Morgenstimmung" aus der Peer-Gynt-Suite von Edward Grieg auf und ließ mich einige Zeit nicht wieder los.

Bevor wir unser Ziel erreichten, legten wir am 26. Juni 1941 in Kristiansand und am 27. Juni 1941 in Alesund an.

Am 28. Juni 1941 trafen wir in Drontheim als Gast bei der 25. U-Flottille ein. Bei den folgenden Übungen im Torpedo-Schießen bekamen vor allem wir Funker etwas näheren Kontakt zu unserem Kommandanten, Kapitänleutnant Wilhelm Dommes. Bei den taktischen Übungen in der Ostsee hatte er wohl erkannt, wie wichtig der Verlaß auf eine gut funktionierende Funkwaffe war. So bestand er nun ausnahmsweise darauf, daß bei den Besprechungen der Übungen Funkmaat Hüsken und ich mit herangezogen wurden. Nun, wer will es uns verdenken, daß wir beide uns dabei sehr wichtig vorkamen.

Soweit Disziplin und fachgerechter Einsatz für das U-Boot wichtig waren, ließ Kapitänleutnant Dommes nicht die geringste Nachlässigkeit durchgehen. Diese hatten in den meisten Fällen Abkommandierung zur Folge. Die Sicherheit des Bootes mit der Besatzung hatte vor allem anderen Vorrang. Andererseits tat er aber sehr vieles, um uns für den harten Dienst einen Ausgleich zu gönnen. Wir wußten das, und daher war er bei der Besatzung beliebt.

Neu ausgerüstet, begann unser letzter friedlicher Einsatz. Für mich war es eine angenehme Überraschung, als wir auf einem Passagierdampfer, dem „Black Prince" einquartiert wurden. Hier war reichlich Platz vorhanden, und ich erhielt eine Einzelkabine mit Bad, was immerhin ein Ausgleich zur Enge des U-Bootes war.

Am 10. Juli 1941 liefen wir zu unserer ersten Feindfahrt aus. Es gab nur ein schlichtes Abschiednehmen, ohne großes Zeremoniell. Der weite Ozean lockte!

Anfangs konnten zwei Mann zusätzlich auf die Brücke gehen, um die frische Nordseeluft zu genießen. Zwanglos unterhielten wir uns mit dem Kommandanten und führten alle möglichen zivilen Gespräche. Alle lachten beispielsweise, als „der Alte" einmal im Laufe der Unterhaltung bemerkte: *„...und wenn der Schneider dann mal später mit gebügeltem Anzug und gelben Handschuhen auf der Rennbahn sitzt..."*, doch ich hatte mich darüber sehr geärgert. Wie konnte er mich derart einschätzen!

Am ersten Tag schon hatten wir unsere erste Feindberührung und konnten um 17.27 Uhr und noch einmal gleich danach je eine Treibmine abschießen. Danach stießen wir an den Orkney-Inseln vorbei in den Atlantik vor. Noch war es ruhig, und ich konnte sogar das wunderbare Schauspiel genießen, wie unser Boot von Delphinen begleitet wurde, und diese spielend von links und rechts über das Vordeck sprangen.

Plötzlich entdeckte unsere Wache ein „Sunderland"-Flugboot, welches backbord in großer Entfernung parallel zu unserem Boot flog. Für eine Weile geschah nichts. Aber dann hatte der Pilot wohl unser Boot entdeckt und drehte rasch auf uns zu. – Damit hatte ich das Vergnügen, zum ersten Mal aktiv an einem Alarm beteiligt zu sein. Ich sprang zur Turmluke, faßte mit beiden Händen die Greifstangen der Treppe, ließ mich bis in die Zentrale hinuntergleiten und sprang sofort zur Seite, denn der nächste plumpste gleich neben mir herunter. Turmluke zu, und steil ging es nach unten! Oben auf dem Wasser blieb alles ruhig, der Feind war weitab gewesen.

Zwei Tage danach hatten wir wieder Feindberührung. Wir konnten uns einem Dampfer unter Wasser so weit nähern, daß er die ganze Sehrohrvergrößerung ausfüllte. Trotzdem gingen zwei Einzelschüsse fehl.

Wieder zwei Tage später setzten wir mit einem Dreierfächer auf einen Dampfer an, ohne jedoch Erfolg zu erzielen. Wir hatten keine Erklärung für das Mißlingen, und hier wurde mir klar, wie schwierig es doch war, Erfolge zu erzielen. Meistens waren Mißerfolge auf Torpedoversager zurückzuführen. – Die Stimmung der Besatzung war nun doch etwas gesunken. Dazu kam noch die erschreckende Nachricht, daß unser Danziger Schwesterboot „U-401", das kurz nach uns ausgelaufen war, als Verlust gemeldet wurde.

Vom 2. bis 5. August 1941 wurden wir mit weiteren neuen Booten auf einen Konvoi angesetzt, konnten aber wegen Störungen an beiden Dieselmaschinen nicht mehr angreifen. Wir hatten auf unserem ersten Unternehmen also ausgesprochenes Pech gehabt. Dies wurde uns auch vom BdU (Befehlshaber der U-Boote) bestätigt. *„Nicht den Kopf hängen lassen! Das nächste Mal wird es besser!"* wurden wir wieder ermutigt.

Langsam manövrierten wir im Hafen von St. Nazaire in Frankreich und näherten uns einem massiven Betonklotz. Dies war also einer der bereits zu Ansehen gelangten U-Boot-Bunker!

Beim Einlaufen hatte ich noch Empfang auf der Kurzwelle, jedoch in dem Augenblick, als wir die Toreinfahrt des Bunkers durchfuhren, war zu meinem Erstaunen der Funkverkehr schlagartig unterbrochen. Natürlich wurde die elektromagnetische Strahlung durch den Stahlbeton abgeschirmt.

Die Einquartierung wurde schnell und ohne viel Aufhebens erledigt. Vor dem Einlaufen waren wir vom Kommandanten über die Verhaltensmaßregeln gegenüber der französischen Bevölkerung belehrt worden. Wir sollten uns auf keinen Fall auf Auseinandersetzungen mit den Franzosen einlassen, denn dabei würden wir den Kürzeren ziehen und wegen Schädigung des Ansehens der Wehrmacht bestraft werden.

Ich konnte mich zunächst frei in der Werft bewegen und war schon ziemlich gespannt auf meine erste Begegnung mit der einheimischen Bevölkerung.

Auf der gegenüberliegenden Seite der Straße liefen ein paar französische Werftarbeiter, augenscheinlich etwas angeheitert. Sie winkten mir zu, lachten und riefen etwas, das klang wie: *„Eeh, Allemand!"* Verdutzt über diesen Empfang winkte ich ebenfalls lachend zurück.

Als ich einen bescheiden wirkenden Friseurladen betrat, begrüßte mich ein junger Franzose freundlich lachend. Es machte mir Spaß, mich mit ihm fließend unterhalten zu können. Wie ich das Haar geschnitten haben wolle, fragte er mich. *„Kurz, aber nicht zu kurz",* antwortete ich und übersetzte mit *„pas trop court".* Er lachte und deutete eine Glatze an. – Sofort fiel mir ein, wie Studienrat Wöller im Französischunterricht uns einst darauf hingewiesen hatte, daß das französische „trop" zwar mit „zu" übersetzt wird, aber ein weit übertriebenes „zu" bedeutet. Also künftig besser aufpassen!

La Baule, ein Badeort an der Küste, war unser Aufenthaltsort. Hier wurden wir in verschiedenen Hotels untergebracht. Ich wurde ins „Grand Hotel" eingewiesen und war angenehm überrascht, als ich im ersten Stock ein Einzelzimmer mit Balkon und Aussicht auf den Strand erhielt.

Ein älterer Reservist war mit der Aufsicht des Hotels beauftragt. Ich merkte, daß er Wert darauf legte, als Autorität angesehen zu werden. In holprigem Französisch gab er der aufsichtführenden Dame Anweisungen, worauf ich mich gleich direkt an die Dame wandte. Sie lachte kurz auf und spottete, daß ich viel besser französisch könne als er. Das war mir nicht gerade angenehm, aber letztlich war ich doch froh und erleichtert, als ich alle Strapazen hinter mir lassen und mich in einem ordentlichen Bett richtig ausschlafen konnte.

Nach tiefem Schlaf wirkte die neue Umgebung beruhigend und auch etwas heiter auf mich. Nach kurzer Morgentoilette rein in die Badehose und in beinahe kindlicher Freude im Sprunglauf über den Strand ins erfrischende Wasser! Das anschließende Frühstück, von „Mademoiselle" höflich serviert, war ein wahrer Genuß. Ein Spaziergang entlang der Promenade, vorbei an weiteren Hotels und Restaurants, ließ auf eine angenehme und schöne Erholungszeit hoffen.

Meine Kameraden waren natürlich ebenfalls sehr angetan von den neuen Eindrücken, und so fragte mich mein Kamerad Erich Witte, mit dem ich bisher Wache gewechselt hatte, ob ich denn statt seiner auf Urlaub gehen wolle. So fuhr ich nun – noch ohne Beförderung oder Auszeichnung – als einfacher U-Boot-Fahrer auf meinen ersten Fronturlaub.

Um eine weitere Erkenntnis wurde ich unterwegs bereichert. Als ich während eines Aufenthalts in der Champagne in einem Restaurant eine Mahlzeit einnahm, beobachtete ich, wie ein paar dort stationierte Landser sich in fröhlicher Stimmung ziemlich aufdringlich der Tochter des Wirts näherten. Diese ließ aber eindeutig erkennen, daß sie keine Annäherung wünsche, und auch der Wirt bedeutete den Soldaten, daß sie sich mehr Zurückhaltung auferlegen sollten. Das imponierte und gefiel mir. Als wir Jugendliche uns früher über Franzosen unterhielten, wurde nämlich meist zuerst an das leichtlebige Paris und an „Moulain Rouge" gedacht. Hier nun wurde mir aber klar, daß zumindest bei der arbeitenden Landbevölkerung im sittlichen Verhalten kaum ein Unterschied zu uns herrschte.

Mein zweiter Fronturlaub

Recht überraschend war ich nun in Leipzig eingetroffen. Eine vorherige briefliche Verständigung war nicht möglich gewesen. Meine Freunde waren natürlich interessiert zu erfahren, was ich auf meiner ersten Feindfahrt erlebt hatte. Leider konnte ich aber nichts Aufregendes von meinem ersten Einsatz berichten.

Die allgemeine Stimmung, die ich zu Hause vorfand, war durchaus zuversichtlich. Am Sonntag, dem 22. Juni 1941, hatte der Ostfeldzug begonnen. In Kesselschlachten von bisher noch nie dagewesenen Ausmaßen waren unsere Truppen vorwärtsgestürmt und tief in den russischen Raum eingedrungen. Im Handelskrieg gegen England wurden bis zum 8. Juli 1940 durch Kampfhandlungen der Kriegsmarine und Luftwaffe zusammen 4.980.866 BRT feindlichen Schiffsraums versenkt. Das deutsche Afrikakorps war unter Führung von Generalleutnant Erwin Rommel bis Tobruk und Sollum vorgedrungen. Es ging ja stetig vorwärts, und vor Luftangriffen hatte man, da Leipzig noch weit in der „Etappe" lag, keine Angst.

Auf meiner Rückfahrt konnte ich am 29. August 1941 noch ein paar Stunden Aufenthalt in Paris genießen. Mit zwei weiteren Urlaubern entschloß ich mich, gemeinsam eine Pferdekutsche zu mieten. Ich setzte mich neben den Kutscher, dessen Beschreibungen der Sehenswürdigkeiten ich meinen Kameraden übersetzte. Wir besichtigten die Kirche „Sacre Coeur", das Pantheon, den Invalidendom und die Gruft Napoleons. Am Triumphbogen erlebten wir den Aufzug der Wache, der von je einer Abteilung des Heeres und der Kriegsmarine vorgeführt wurde.

So konnte ich – nach zwei Wochen Werftliegezeit an Bord zur Überwachung der Ausbesserung und Ergänzung im Funk- und Horchraum und um einige interessante Eindrücke reicher – meinen restlichen Urlaub in La Baule verbringen. Die Freizeit wurde ausgefüllt mit viel Schwimmen und Sonnenbaden. Abends vergnügte ich mich gelegentlich mit Kameraden in der „Mariza-Bar", deren Besitzerin mir bald ihre Zuneigung zeigte, denn ich spräche so gut französisch und hätte so ein feines Benehmen, wie sie behauptete.

Zweite Feindfahrt: Versenkung des Dampfers „Hatasu"

Bei unserer Besatzung war die Spannung groß. Was würde die nächste Fahrt bringen? Immer wieder wurde von U-Boot-Erfolgen berichtet, und wir wollten doch auch daran teilhaben!

Am 13. September 1941 legten wir in St. Nazaire ab und liefen zur zweiten Feindfahrt aus. Marsch in das zugeteilte Operationsgebiet im Nordatlantik! Mit sieben weiteren Booten wurden wir auf einen gemeldeten Geleitzug angesetzt.

Als nach längerer Fahrt noch nichts in Sicht kam, tauchten wir zum Unterwasserhorchen. Funkmaat Plettner und ich saßen am Horchgerät. In großer Entfernung, nur schwach wahrnehmbar, waren verschiedene Geräuscharten zu hören, wahrscheinlich der gemeldete Geleitzug. Da löste sich plötzlich das Geräusch einer Kolbenmaschine heraus und wurde stärker.

„An Kommandant: Horchpeilung in 68 Grad, wandert langsam nach backbord aus!"

„Auf Sehrohrtiefe gehen!"

„Dampfer in Sicht, Typ „Bernarty", etwa 5.000 BRT!"

„Boot klarmachen zum Auftauchen! Torpedowaffe auf Gefechtsstation! Klarmachen zum Überwasserschuß aus Rohr III und Rohr IV!"

„Rohr III und Rohr IV sind klar zum Überwasserschuß!"

„Rohr III: Torpedo los! – Rohr IV: Los!"

Plettner und ich verfolgten das Geschehen gespannt am Horchgerät: Eine Sekunde, zwei, drei, vier Sekunden – *„Rumms!"*

„Dampfer mittschiffs getroffen!" meldete die Brücke und unterrichtete uns weiter: *„Hat achtern ein Geschütz! Dampfer in Ballast! Hat steuerbord Schlagseite, liegt aber noch sehr hoch raus auf ebenem Kiel! Anscheinend sind nur Maschine und Heizraum vollgelaufen!"*

Also rasch getaucht zum Fangschuß. – Schuß aus Rohr I.

Aufgetaucht. – Dampfer bricht in der Mitte auseinander und sinkt.

Dies war unser erster Erfolg am 3. Oktober 1941! Später erfuhren wir: Es war der Dampfer „Hatasu" mit 3.189 BRT.

Die Besatzung hatte noch in die Rettungsboote gehen können. Da sie uns sehen konnten, morsten sie mit Scheinwerfern zu uns herüber. Wir aber reagierten nicht darauf, denn sie waren ja gerettet.

Noch war ein Teil des Schiffes am Sinken, als plötzlich ein Zerstörer auftauchte und auf die Stelle zuhielt, sicherlich um die Überlebenden zu retten. – Er bot uns seine ganze Breitseite dar. Eine ideale Position für unseren letzten Torpedo aus Rohr II. Aber Dommes ließ alarmtauchen.

„Warum haben wir nicht geschossen, Herr Kaleu?" fragte ich.

„Führerbefehl! Wir dürfen in diesen Gewässern keine Zerstörer angreifen, es könnten Amerikaner sein." – Natürlich, denn die USA waren ja an-

geblich neutral.

Ich dachte kurz nach: Das war keine Wochenschau gewesen! Diesmal hatte ich es selbst erlebt! Was würde wohl noch auf uns zukommen?

Zwei Tage später wurde schon wieder ein schnelles Geleit mit zwei Zerstörern, einem Dampfer und zwei Passagierschiffen von ca. 15.000 BRT gemeldet.

Wir standen backbord vor dem Verband und setzten mit Höchstfahrt voraus, um an einem backbord stehenden Zerstörer vorbeizukommen. Doch plötzlich drehte der backbord achtern stehende Dampfer auf unser Boot zu, und während die anderen Schiffe stark abzackten, kam der Zerstörer schnell näher.

„Alarm!" – Wir setzten unter Wasser sofort zum Angriff an. Der Zerstörer zog dicht hinter „U-431" vorbei. Die ideale Situation für einen Heckschuß. Leider nur hatten wir kein Heckrohr!

Unsere Entfernung zum Geleit hatte sich wieder vergrößert. Der Kommandant entschloß sich zum Unterwasserangriff. Vierereinzelschuß aus Rohr I, II, III und IV. Die Torpedos gingen jedoch fehl, vermutlich war die Entfernung zu groß.

Wir tauchten auf, nahmen die Verfolgung auf und setzten eine Fühlungshaltermeldung ab. Durch die aufkommende Schlechtwetterlage verloren wir aber die Fühlung wieder.

Wieder einmal: Wir zeigten Einsatz bis zum letzten, hatten den Erfolg schon vor Augen, und dennoch ging es fehl!

Funkspruch an BdU: *„Feind außer Sicht, Marine Quadrat BD 4566, Nachstoßen aussichtslos, 35 cbm Brennstoff. Hinhaltender Rückmarsch. Dommes."*

Am 8. Oktober 1941 traten wir den Rückmarsch an und machten am 13. Oktober um 10.30 Uhr wieder in der Schleuse von St. Nazaire fest. Diesmal wurden unsere Herzen durch eine Musikkapelle und Blumen von Blitzmädeln erfreut.

Die „Mariza-Bar" in La Baule

Nun war mein Kamerad Erich Witte mit Heimaturlaub an der Reihe, und so konnte ich mich wieder im gleichen Zimmer wie beim letzten Urlaub bequem einrichten.

Das schönes Wetter und der Strand lockten, und in der „Mariza-Bar" wurde ich herzlich mit einem Willkommenstrunk empfangen. Obwohl ich bisher nie an einem Barbetrieb interessiert war, fand ich Gefallen an der freundlichen Atmosphäre dort. Meist war es interessante Unterhaltung mit gelegentlich harmlosen Späßen und auch manchmal mit einem Tänzchen, begleitet vom Klavierspieler. Wenn einmal besonders gute Laune aufkam, leistete ich mir mit Karl-Heinz ein Sektfrühstück à la Bismarck.

Die Besitzerin der „Mariza-Bar" hieß „Isa" – wahrscheinlich Isabelle. Als unser Auslaufen zur dritten Fahrt kurz bevorstand, lud sie mich mit meinem Kameraden, dem Obergefreiten Werner Hahne, zu einem Essen ein. In einem geschmackvoll eingerichteten Nebenraum nahmen wir an einem längeren Tisch Platz und ließen uns von der netten Bardame bedienen. Beinahe drei Stunden lang wurden uns auserlesene Köstlichkeiten serviert, unter anderem ein Likör, der offiziell gar nicht verkauft werden durfte.

Zum Abschied schenkte Isa mir ein Bild, auf dem sie als junge wohlgebaute Dame in einem Künstlerkostüm abgebildet war. Auf die Rückseite schrieb sie in meiner Gegenwart: *„Avec tous mes regrets de vous voir partir et espere de votre proche retour – Isa."* (Etwa: „Mit meinem großen Bedauern, Sie Abschied nehmen zu sehen und auf Ihre baldige Rückkehr hoffend – Isa.") Etwas bewegt waren wir wohl beide. Dennoch war unser Abschied von keinerlei Zärtlichkeiten begleitet.

Mit mir und den Frauen war das sowieso so eine Sache. Auf meinem ersten Fronturlaub in Leipzig war ich mit einem Mädchen bekanntgemacht worden. Wir hatten durchaus Gefallen aneinander gefunden. Als wir uns aber zu einem Kinobesuch verabredet hatten und ich im Zivilanzug erschien, war sie enttäuscht und nach dem Kino trafen wir uns nicht wieder.

Nun erst merkte ich, welch unsinnigen Fehler ich gemacht hatte! Natürlich waren die Mädchen stolz, wenn sie von einem Soldaten, besonders auch von einem Matrosen, ausgeführt wurden. – *„Du bist doch ein Trottel!"* sagte ich mir und konnte mein nachlässiges Verhalten längere Zeit nicht vergessen. Aber vielleicht bekam ich ja doch noch meine Anita zu sehen.

„Isa", die Besitzerin der „Mariza-Bar"
in La Baule (Frankreich)
Dieses Bild schenkte sie mir zum Abschied.

Die dritte Feindfahrt: Im Mittelmeer

Am 16. November 1941 wurden wir durchgeschleust zwecks Auslaufens zur dritten Feindfahrt. Wo würde diesmal unser Operationsgebiet sein? Bis jetzt war nicht die geringste Andeutung gemacht worden.

13.51 Uhr: Das Geleit wurde nach dem Durchschleusen entlassen. Die folgenden fünf Stunden verbrachten wir mit Alarmtauchen und Übungen an den Geräten.

18.30 Uhr: Wir tauchten und legten uns auf Grund. Es herrschte völlige Ruhe im Boot. Dann gab der Kommandant das Reiseziel bekannt: *„U-431 geht ins Mittelmeer!"* Es folgten die üblichen Verhaltensmaßregeln: Zuvorkommendes Verhalten gegenüber den Italienern, die ja tapfer an unserer Seite kämpften.

Die Überraschung war groß, und mit freudiger Spannung blickten wir dem nächsten Abenteuer entgegen. Noch hatten wir keinerlei Vorstellung, was uns im Mittelmeer erwarten würde.

Nach längerer Unterwasserfahrt tauchten wir am 23. November 1941 kurz vor der Straße von Gibraltar auf. Wir wußten, dies war eine gefährliche Stelle. Insgesamt waren hier elf U-Boote verlorengegangen. „U-431" war das dritte Boot, das den Durchbruch schaffte. „U-95" hatte kurz vor uns die Straße passiert und war am 28. November südwestlich Almeria versenkt worden.

Noch stand der Mond hoch am Himmel, als „U-431" bei vollends glatter See und Windstärke zwei mit langsamer Fahrt nach Cap Espartel glitt, um bei Monduntergang vor der Straße zu stehen. Um Mitternacht kam nahe der afrikanischen Küste im spanischen Hoheitsgebiet ein kleines abgeblendetes Fahrzeug in Sicht. Wir wichen nach Norden aus.

In der Straße herrschte geringer Verkehr von neutralen Dampfern. „U-431" schlängelte sich durch vier Linien von beleuchteten Fischdampfern. Es waren Spanier, die uns nicht verraten würden.

Der Hafen von Gibraltar war nicht ganz abgeblendet. Vom Felsen her bestand Morseverkehr durch Scheinwerfer mit neutralen Dampfern. Jeder im Boot, einschließlich der Freiwache, war gespannt und auf Überraschungen gefaßt. Wir hielten uns südlich, und ich fand sogar Gelegenheit, für ein paar Minuten von der Brücke aus die hellerleuchtete Stadt Tanger zu sehen. Wirklich ein selten beeindruckender Anblick im Kriege!

Vom Feind immer noch unbemerkt, passierten wir jetzt in ruhiger Fahrt in einiger Entfernung ein hellerleuchtetes Passagierschiff, wahrscheinlich ein Lazarettschiff, unweit des Hafens Ceuta, der äußersten Stelle der nordafrikanischen Küste. Und dann ging es mit Volldampf auf die Straße von Messina zu. Nur äußerster Wachsamkeit und der seemännischen Erfahrung unseres Kommandanten war es zu verdanken, daß wir es bis hierher geschafft hatten.

Am Vormittag des 28. November 1941 näherten wir uns der Straße von Messina. Wie üblich, mußten wir auch hier von einem Lotsen geleitet werden. Da die Zusammenarbeit mit der italienischen Marine aber noch in Vorbereitung war – wir waren ja erst das dritte deutsche U-Boot im Mittelmeer! – geschah es, daß der Lotse erschrocken die Flucht ergriff, als er unser Boot am vereinbarten Punkt auftauchen sah.

Steuermann Weidner kam schnell herunter zu mir in den Horchraum und rief aufgeregt: *„Schneider, Sie können doch italienisch! Wissen Sie, was ‚Lotse' heißt?"* – Ich dachte kurz nach und sagte, der Kommandant solle rufen: *„Siete pilota?"* („Seid ihr der Lotse?")

Als Dommes dies durch's Mikrofon gerufen hatte, gestikulierten die Italiener heftig, kehrten um und gaben uns Geleit. So konnten wir beruhigt sein, nicht auf eine Mine zu laufen.

Am 30. November 1941 liefen wir um 10.30 Uhr in Messina ein. Alles war für uns vorbereitet: Frischproviant, Wasser und Treiböl. Per Funk angeforderte Ersatzteile für Dieselverdichter kamen ebenfalls sofort an Bord. Schon um 17.20 Uhr konnten wir wieder auslaufen zum befohlenen Operationsgebiet zwischen Port Said und Alexandria.

Am 3. Dezember 1941 bahnte sich ein Duell mit einem englischen U-Boot an, worauf dieses aber schnell abzackte und verschwand.

Am 6. Dezember erfolgte nach Horchpeilung der erste Unterwasserangriff auf einen Zerstörer. Da dieser stark abzackte, ging unser Viererfächer aber vorbei. Beim Wenden fuhr der Zerstörer dann in 400 Metern Entfernung hinter dem Boot vorbei. Noch einmal ergab sich eine ideale Schußposition – wenn wir nur ein Heckrohr gehabt hätten!

Bei größter Wachsamkeit marschierten wir weiter ostwärts. Wegen der Enge des Mittelmeers war die Luftüberwachung hier besonders stark. Wenn im Atlantik der Anmarschweg viele Stunden, ja sogar Tage dauern konnte, so ging es hier im Mittelmeer bereits in den ersten beiden Tagen rund.

Wir durchliefen ein Schlechtwettergebiet.

„Alarm!" – Ein Lob an unsere Wache! Sie hatte trotz schlechter Sicht auf 1.500 Meter einen Zerstörer ausgemacht. Nach Horchpeilung lief der Zerstörer an unserem Boot vorbei. Wir tauchten auf. Das Risiko war groß, der Feind war nur 500 Meter entfernt. Die Torpedowaffe war sofort bereit, und auf 600 Meter Entfernung ging ein Dreierfächer auf den Zerstörer los. – Fehlschuß, Ursache nicht geklärt! Vermutlich untersteuert infolge steilen Seegangs und Stampfens des Zerstörers. Das war besonders ärgerlich, da unser Boot volles Risiko einging.

Durch Funkspruch erfuhren wir, daß alle Boote mit Höchstfahrt nach Osten laufen und ein bestimmtes Gebiet ansteuern sollten. Unterwegs kam plötzlich ein anderes deutsches U-Boot in Sicht. Es war Heidtmann, „U-559". Eine seltene Gelegenheit der Begrüßung! Lachende Zurufe von Boot zu Boot. Die Kommandanten machten einen Erfahrungsaustausch und Besteckvergleich (Standortbestimmung), danach wurde getaucht.

Und schon ging es wieder los: Horchpeilung in 45 Grad, kleiner Bewacher in Sicht. Gemäß Funkbefehl griff unser Boot kein kleines Fahrzeug an.

Kurz danach Horchpeilung in 104 Grad, Tanker in Sicht. Wir tauchten auf zum Überwasserangriff. Wieder war jedermann sofort einsatzbereit. Der Tanker versuchte verzweifelt auszuweichen. Wir gaben einen Dreierfächer auf ihn ab und nach drei Minuten und elf Sekunden erzielten wir einen Treffer achtern. Ein Feuerschein brach aus und der Tanker blieb liegen. Nun eilten Zerstörer in Höchstfahrt herbei und umkreisten den Tanker. Wir selbst waren noch unbemerkt geblieben. Es war der Tanker „Myriel" mit 3.560 BRT. Er konnte abgeschleppt werden, war aber zumindest während des Krieges nicht mehr verwendungsfähig.

Weitere Streitkräfte des gemeldeten Verbandes kamen in Sicht. Wir gaben Fühlungshaltermeldung ab. Dadurch gelang es „U-557", Kapitänleutnant Paulsen, den englischen Kreuzer „Galatea" zu versenken. Doch nur vier Tage später, am 18. Dezember 1941, wurde „U-557" auf dem Rückmarsch selbst von einem italienischen Torpedoboot irrtümlich gerammt und ging verloren. – Totalverlust!

Am 18. Dezember 1941 traten wir den Rückmarsch an und liefen in der Straße von Messina ein, ohne festzumachen. Ein italienischer Offizier kam längsseits zum Postaustausch und wir setzen den Marsch fort bis zum Festmachen in La Spezia. Wir waren hier eines der ersten Boote und in La Spezia war alles noch in Vorbereitung. Als wir im Hafen einliefen, fielen mir vor allem zwei große Schlachtschiffe auf, die hier vor Anker lagen.

Die Begrüßung war recht kurz, als wir angelegt hatten. Ein Krankenrevier gab es hier noch nicht. Erfreulich war nur, daß wir gleich einen Teil unseres Solds in Lire ausgezahlt bekamen.

Mit zwei weiteren Kameraden konnte ich sogleich zu einem „Arztbesuch" an Land gehen. Ich war natürlich wieder auf die ersten Kontakte mit der einheimischen Bevölkerung gespannt. Da unsere persönlichen Sachen noch nicht nachgeschickt worden waren, gingen wir in unseren nicht sehr sauberen „U-Boot-Päckchen" in die Stadt. Es gab hier keinerlei Kontrollen, und als wir durch das Haupttor der Werft gingen, ließen uns die wachhabenden Carabinieri ohne weiteres passieren.

Das Klima war angenehm. Hier wuchsen sogar Palmen, und sehr interessiert nahm ich all die neuen Eindrücke auf. Auf dem Budenmarkt angelangt erfreute uns die Möglichkeit, hier Besorgungen für den Heimaturlaub machen zu können.

Wie in Frankreich, so hatte ich auch hier keine Schwierigkeiten mit dem Dolmetschen. Als ein Kamerad fachgerecht Damenunterwäsche inspizierte, brach die Verkäuferin in helles Lachen aus und rief ihren in der Nähe befindlichen Kolleginnen etwas zu, was ich allerdings nicht verstand. Jedenfalls verfielen jene dann aber auch in helles Lachen. Ich konnte mir ungefähr vorstellen, was sie ihnen da zugerufen hatte.

Natürlich waren wir bereits in den Straßen aufgefallen, und auf dem Heimweg fragte mich ein Italiener nach unserer Herkunft.

„Sottomarino Tedesco", antwortete ich.

„Sommergibile Tedesco!" rief er laut, und ehe wir uns versehen hatten, saßen wir im nächsten Restaurant mit einigen Italienern am Tisch bei ein, zwei oder noch mehr Flaschen Wein, und mein Italienisch sprudelte nur so aus mir heraus. So flüssig wie an diesem Tage hatte ich wohl bisher noch nie gesprochen. Es fand aber viel Lachen und Zustimmung.

Irgendwie hatten wir es dann doch noch geschafft, heil in die Kaserne zurückzukehren.

Schöne Urlaubstage mit Anita

Und wieder war die Spannung groß, denn schon nach zwei Tagen konnte ich auf Urlaub fahren. Nun war aber unsere gesamte Ausrüstung noch nicht aus Frankreich eingetroffen, so daß ich in Tropenuniform auf Urlaub fahren mußte, was ja keineswegs den Vorschriften entsprach. Aber hier fragte niemand danach.

Schnell wurden noch alle möglichen Besorgungen gemacht. In der Kantine und in der Stadt konnte man noch alles einkaufen, ganz wie im tiefsten Frieden. Und so trat ich meine Urlaubsreise mit vollgepacktem Koffer und Seesack an. Auf alle Fälle wollte ich diesmal Anita treffen!

Was aber, wenn wir unterwegs kontrolliert würden? Wir sollten mit unseren behelfsmäßig ausgestellten Papieren in unserem Heimatort zur Kommandantur gehen und Zivilerlaubnis beantragen.

Es ging alles ohne viele Umstände vonstatten. In La Spezia stiegen wir in den Zug, der uns nach Parma brachte. Hier ging es mit der von Süden kommenden Eisenbahn weiter, die beinahe vollbesetzt war mit Urlaubern des Afrikakorps. Schnell wurden Kontakte geschlossen und das Erzählen, Lachen und Singen nahm fast kein Ende.

In Leipzig angekommen, erfuhr ich, daß meine Mutter sich inzwischen bei der OT (Organisation Todt) als Telefonistin verpflichtet hatte und nun irgendwo in der Ukraine Dienst tat. Das wunderte mich nicht, da ich ihr unruhiges und abenteuerliches Wesen gut kannte. Sie hatte aber für mich alles sauber hinterlassen und mir einen Merkzettel zurechtgelegt. Von unseren Nachbarn, den Jacobis, wurde ich herzlich willkommen geheißen und sogleich mit einer sehr schmackhaften Mahlzeit bedacht.

Mit den Freunden gab es nur ein kurzes Beisammensein, denn diesmal war ja auf alle Fälle das Kennenlernen mit Anita vorgesehen. Telegraphisch vereinbarten wir als Treffpunkt den Anhalter Bahnhof in Berlin.

Der 6. Januar 1942 sollte für mich ein bedeutender Tag werden, denn genau besehen wurde an eben jenem Tage Anitas und meine Zukunft entschieden.

Die allgemeine Stimmung, die ich bei der Bevölkerung antraf, war bereits ernster und zurückhaltender als im Vorjahr. Die düstere Beleuchtung auf dem Anhalter Bahnhof trug nicht gerade zu einer heiteren Begrüßung bei. Wir hatten uns aber beide trotz des Gedränges am Schaltereingang sofort erkannt. Schon das gegenseitige Anblicken und Händedrücken fiel etwas länger aus als normal.

Aber was nun? Ich hatte mir noch keine Gedanken gemacht, wie es weitergehen sollte mit Aufenthalt und Unterkunft.

„Du kommst doch mit mir nach Hause? Meine Eltern wollen dich auch gern kennenlernen!" sagte Anita. Mir fiel ein Stein vom Herzen und ich

bedankte mich sehr für die freundliche Einladung.

Nun standen wir schon dicht gedrängt im Eisenbahnwagen nach Löwenberg. Jene Züge waren damals voll und übersetzt und irgendwie hatte ich im Gedränge meinen linken Arm um Anitas Schulter gelegt, während meine rechte Hand mit der Fahrkarte in der Tasche steckte. Ja, und dann mußte es wohl so kommen: Im Gedränge der allererste Kuß!

Anscheinend war ich bei alledem doch etwas aufgeregt gewesen, denn als der Schaffner die Karten kontrollierte, hielt ich ihm ziemlich verschämt die zerbröckelten Teile meiner Fahrkarte entgegen. Darauf blickte er mich recht verwundert an: *„Nee, so wat haw ick noch nie jesehn!"*

Aber auch das war vorübergegangen, und bald wanderten wir freudig auf der Landstraße vom Bahnhof Löwenberg zur Bäckerei von Anitas Vater, Otto Hennig. Höflich und auch etwas neugierig wurde ich dort empfangen. Frau Else Hennig hatte schon das Essen vorbereitet, das ich nach all den Anstrengungen des Tages sehr genoß. Und nachdem ich dann auch noch Anitas Bruder Hans und ihre Schwester Sieghild kennenlernte, fühlte ich mich beinah schon wie zu Hause.

Im Hause Hennig herrschte noch märkisch-preußische Tradition. Der Vater hatte beim 1. Gardegrenadierregiment gedient. Während des Ersten Weltkrieges war er Oberbäckermeister bei den Feldbäckereien gewesen. Nach dem Kriege hatte er ein solides Wohnhaus mit Bäckerei erworben. Nebenbei betrieb er etwas Landwirtschaft und versorgte die umgebenden Ortschaften mit Brot und Backwaren.

Anita hatte im RAD (Reichsarbeitsdienst) ihre Pflicht erfüllt und sich nach dem Abitur bei der Bachschule in Leipzig zur Ausbildung als Auslandskorrespondentin beworben. Durch ein Scharlachleiden mit darauffolgendem Herzleiden mußte sie dieses Vorhaben aber leider aufgeben. Dafür nahm sie etwas später an einer Lehrerausbildung in Güstrow teil.

Bruder Hans war kurz vorher eingezogen worden, und Schwester Sieghild, die sich bescheiden im Hintergrund hielt, um uns beide nicht zu stören, stand kurz vor ihrem Abitur.

Viel Märkischer Wald in der Umgebung und der schöne Lindesee erfreuten mein Herz. Und als Krönung all dessen meine liebe Anita! Was wollte ich noch mehr?

Sicherlich hatte ich keinen schlechten Eindruck auf Anitas Eltern gemacht, denn sie hatten nichts dagegen, daß Anita mich für ein paar Tage nach Leipzig begleitete.

Bei Besuchen von Freunden in Leipzig waren wir bald in freudige Stimmung gekommen und wurden mit großzügigen Aufmerksamkeiten bedacht. Auch eine kleine Feier in unserer Wohnung verschönte unseren Aufenthalt. Ich spürte aber trotzdem recht schnell, daß die allgemeine Stimmung nüchterner geworden war. Wer abkömmlich war, war in irgendeiner Organisation und meist ehrenamtlich tätig. Unmittelbare Kriegseinwirkungen hatte Leipzig noch nicht gespürt.

Wegen meiner Zivilerlaubnis hatte ich bei der Kommandantur in Leipzig vorgesprochen. Da saß ich einem Hauptmann der Reserve gegenüber, der mich ob meines Anliegens ziemlich mißtrauisch durch seine Brille fixierte und einen eigenartig zivilen Ton anschlug. Er habe schwere Bedenken, meinte er, und keine Vollmacht, mir Zivilerlaubnis zu gewähren. Etwas ärgerlich ging ich auf seine Tonart ein: *„Bitteschön, Herr Hauptmann, können Sie sich in meine Lage versetzen?"* – *„Jaja, aber Sie könnten doch ein Betrüger sein!"* Das langte mir, und ich verabschiedete mich höflich.

Erstaunlicherweise fiel Anita und mir das Abschiednehmen nicht schwer. Das lag wohl einfach daran, daß wir zuletzt nur noch von unserem nächsten Beisammensein sprachen und wie viele schöne Tage wir dann gemeinsam verbringen würden.

Schöne Urlaubstage mit Anita

Die vierte Feindfahrt: Tobruk

Am 18. Januar 1942 war die Besatzung von „U-431" wieder vollständig angetreten am Oberdeck. Vom Urlaub erholt und in erwartungsvoller Spannung war nun jedermann wieder bereit, sein bestes für weitere Erfolge zu geben.

Nach dem Auslaufen kamen wir allerdings nicht weit. Wir mußten feststellen, daß die Welle des Backborddiesel gebrochen war, und mußten daher bereits um 11.45 Uhr den Rückmarsch antreten. Das Boot wurde nochmals aufgedockt und der Schaden behoben und überprüft, so daß wir erst am 20. Januar 1941 um 22.52 Uhr endgültig zur vierten Feindfahrt auslaufen konnten.

Wie üblich wurde in Messina festgemacht, wo bereits die beiden Boote „U-370", Kapitänleutnant Könenkamp, und „U-561", Kapitänleutnant Bartels, zum Auslaufen bereitstanden. Vom 20. bis zum 25. Januar 1942 lagen wir in Messina, wo nochmals alle Geräte überprüft und Öl und Frischwasser nachgefüllt wurden.

Mittags saß ich dann mit Funkmaat Hüsken auf Oberdeck, wo wir in frischer Luft mit gutem Appetit Kartoffelsuppe und Bockwurst aßen. Mein Kamerad Erich Witte war zum Maatenlehrgang versetzt worden. An seine Stelle kam Funkobergefreiter Paul Tenholt, mit welchem mich bald eine gute Freundschaft verband. Noch waren wir alle ruhig und gelassen.

Ich hatte in meinem Bücherfach im Horchraum für Ruhepausen stets die beiden letzten Monatshefte des *„Kosmos" („Bild unserer Welt")*, die *„Dolmetscher-Bereitschaft" („Sprachmittler-Studienhefte")* in fünf Sprachen sowie das vom Oberkommando der Kriegsmarine herausgegebene *„Marinewörterbuch fünfsprachig"*, welche ich alle noch heute besitze. Damit konnte ich die Pausen nützlich ausfüllen.

Da nahm ich auf einmal, als ich Wache hatte, den Funkspruch auf: *„FT 1912/24/596 – Dommes, Bartels, Könenkamp – ab 25. Januar, 8.00 Uhr, auslaufen in Operationsgebiet, zeitlich gestaffelt nach Vereinbarung der Kommandanten! Italienische Marineämter über Absicht unterrichten! Abmarschweg wie bereits befohlen! Südlich des Auslaufhafens mit zurückkehrenden italienischen U-Booten rechnen!"*

Los ging es: Am 25. Januar 1942 um 8.00 Uhr liefen wir aus und passierten die Straße von Messina zum Marsch ins Operationsgebiet. Dort tauchten wir, und schon bald kam die erste Horchpeilung: *„Kolbenmaschine in 220 Grad!"*

Wir gingen auf Sehrohrtiefe, ein Geleitzug kam in Sicht: Zwei Dampfer, ein Zerstörer, zwei Bewacher. Östlicher Kurs, Entfernung sechs bis sieben Seemeilen. Die Dampfer waren beladen, auf dem größeren standen vermutlich Panzer auf Deck.

Wir tauchten auf und unser Boot begann mit Höchstfahrt vorzusetzen.

Abgabe FT: *„1703/29/578, Geleit: ein Zerstörer, zwei Bewacher, zwei Dampfer. Geringe Fahrt, Qu. 6772. – Dommes."* Wir hatten bis dahin für andere Boote bereits fünf Fühlungshaltermeldungen abgegeben, da auch „U-331" (von Tiesenhausen), „U-205" (Reschke), „U-372" (Neumann) und „U-375" (Könenkamp) in diesem Gebiet operierten.

Wir tauchten zum Angriff. Die Sicht im Sehrohr war sehr schlecht. Als wir endlich in Schußposition zum Dampfer standen, schob sich kurz vor dem Schuß der backbord stehende Bewacher in die Schußlinie. Es war ein jachtähnliches Fahrzeug mit einer Kanone auf der Back, das etwa die gleiche Größe wie der kleine Dampfer hatte.

Jedermann lag angespannt auf seinem Posten. Um 21.46 Uhr Schuß aus Rohr II, Entfernung 600 Meter. Nach 13 Sekunden ein Treffer. Der Detonation folgte eine zweite, noch viel stärkere. Der Dampfer flog in der Luft auseinander. Glühende Wrackteile wirbelten umher, wahrscheinlich hatte er Munition geladen. Wir mußten uns regelrecht festkrallen, so stark waren die Erschütterungen im Boot!

Unser Boot ging auf A + 80 (160 Meter), danach gleich auf A + 90 (170 Meter) Tiefe. Drei Wasserbomben wurden geworfen, die aber nicht sehr gut lagen. Von weiteren drei Wabos lag eine so nahe, daß das Boot durchsackte, was zu Ausfällen an Geräten führte. Die nächsten Wabo-Serien lagen weit ab. Also hatte der Zerstörer den Kontakt verloren.

Da eine weitere Verfolgung aussichtslos erschien, kehrten wir zurück in das uns zugewiesene Operationsgebiet nördlich Tobruk. Wir spürten nun schon, daß unser Einsatz stärker gefordert sein würde als bisher.

Unser Afrikakorps war in arge Bedrängnis geraten. Am 2. Januar 1942 hatten die Engländer Benghasi genommen. Wochen danach mußte sich die Besatzung von Sollum den englischen Streitkräften ergeben. Unter Täuschung des Gegners trat das Afrikakorps am 21. Januar 1942 trotz schwerer Verluste zum Gegenangriff in östlicher Richtung an und brach den britischen Widerstand westlich Tobruk.

Da der Erfolg – oder Mißerfolg – beider Gegner unbedingt vom Nachschub zur See abhing, wurden unsere Boote eingesetzt, um dem Afrikakorps entscheidende Hilfe zu leisten. Ingesamt operierten jetzt fünf U-Boote im Operationsgebiet nördlich Tobruk, das die stärkste Festung Nordafrikas war und entsprechend zäh von den Engländern verteidigt wurde. Wir waren nun gefordert, rücksichtslos unsere Kräfte einzusetzen, um den Nachschub der Briten zu unterbinden.

Als wir am 30. Januar 1942 auftauchten und nur noch entfernte Geräusche im GHG hörten, nutzten wir die Zeit zum Nachladen der Torpedos. Es mußte schnell gehen, da wir nunmehr bei diesem lebhaften Nachschubverkehr mit Überraschungen rechnen mußten.

Für die Freiwache gab es jetzt keine Gelegenheit mehr zum Ausruhen. Die Betten im Bugraum wurden hochgeklappt, die Torpedos mittels Flaschenzug hochgezogen, überprüft, nachgestellt und in die Torpedorohre eingeführt. Das alles erforderte seine Zeit, während auf der Brücke äußerste Wachsamkeit herrschte.

Als ein Zerstörer in Sicht kam, konnten wir durch schnelles Tauchen vermeiden, gesehen zu werden. Sofort nach dem Auftauchen, nahmen wir einen Funkspruch auf: *„Qu. 6495, Geleit Südostkurs, 10 sm. Greife an! – Könenkamp."*

Wir erbaten von ihm Peilzeichen, die wir in Richtung 339 Grad empfingen. Mit hoher Geschwindigkeit hielten wir darauf zu. Das Geleit, in Kiellinie laufend, bestand aus einem großen Tanker, einem mittleren Frachter, einem etwas kleineren Tanker, und zur Sicherung machten wir vier Zerstörer aus.

Noch waren wir unbemerkt geblieben und befanden uns in günstiger Schußposition. Wir feuerten einen Doppelschuß aus Rohr I und III auf den großen Tanker. Nach zweieinhalb Minuten hörte ich dann gemeinsam mit Funkmaat Plettner am Horchgerät einen harten lauten Einschlag, jedoch erfolgte keine Detonation. – Der Schuß aus Rohr IV fiel nicht aufgrund eines Abfeuerungsversagers!

Unser Boot, das für zwei Torpedos getrimmt worden war, schnitt dadurch unter. Trotzdem waren wir fertig zum Zweierfächer aus Rohr II und IV. Die Stimmung war aufgeregt. – Rohr IV war wieder ein Versager, unser Boot schnitt unter, Fehlschuß!

Mit letzter Anstrengung konnte endlich der Schaden an Rohr IV behoben werden. Noch hatten wir eine letzte Möglichkeit, den achtern laufenden Zerstörer anzugreifen! *„Rohr IV: Fertig! – Rohr IV: Los!"*

Nach 15 Sekunden eine starke Torpedodetonation. Ich konnte den Aal bis zum Aufschlag verfolgen und das Zusammenlaufen von Zerstörer- und Torpedogeräusch bis zur Detonation beobachten. Zwei Minuten nach der ersten Detonation folgte eine zweite, erheblich stärkere. Unser Boot wurde stark erschüttert. Es folgte ein typischer mächtiger Wasserschwall, wie er durch Wasserbomben hervorgerufen wurde. Dies deutete darauf hin, daß die Wabos des Zerstörers hochgegangen waren.

Als ein weiteres Zerstörergeräusch näher kam, drehten wir stark nach Westen ab. Nach dem Tauchen waren am Horchgerät Zerstörergeräusche aus verschiedenen Richtungen zu hören. Auch mit dem S-Gerät (Unterwasserschallgerät) wurde geortet. Offenbar hatte in diesem Gebiet die U-Boot-Jagd eingesetzt.

Und schon ging es am nächsten Tag weiter.

Innerhalb von zwei Stunden wurden vier Funksprüche abgegeben: *„01.10 Uhr, FT 2308/3/560, nach Viererschuß auf Geleit Könenkamp zwei Detonationen, Sinken des Zerstörers wahrscheinlich. – Dommes."*

„01.15 Uhr, FT, Fühlung abgerissen. Letzter Standort Qu. 6799 um 21.50 Uhr." – „01.20 Uhr, 6798, mehrere Zerstörer, südöstlicher Kurs. Dreierfächer, drei Treffer wahrscheinlich. – Rosenbaum."

Da beide Boote die Fühlung verloren hatten, gaben wir ab: „FT 0216/4/564, Geleit zwei Tanker, ein Dampfer, vier Zerstörer. Stand 23.08 Uhr, Qu. 6778. Kurs Ost, keine Fühlung. – Dommes."

Bereits um 6.45 Uhr hatten wir wieder Horchpeilung in 50 Grad. Nach dem Auftauchen kam ein Dampfer in Sicht, der links und rechts von je einem Zerstörer gesichert wurde. Immer wieder sahen wir, wie hier im Mittelmeer und jetzt besonders vor Tobruk auf größte Sicherung des Nachschubs Wert gelegt wurde.

Es wurde schnell hell. Wir tauchten zum Unterwasserangriff. Beim Näherkommen machten wir zwei graue Dampfer aus, wahrscheinlich Transporter, sowie vier Zerstörer zur Sicherung. Aus westlicher Richtung kommende See und Dünung machten es schwer, das Boot mit halber Fahrt auf Sehrohrtiefe zu halten.

Zerstörer peilten mit S-Geräten. Um nicht angepeilt zu werden, mußten wir sogleich schießen. – Doch wieder einmal: Fehlschuß! Wir nahmen an, daß unsere Torpedos vom Gegner bemerkt worden waren und der Dampfer ihnen noch rechtzeitig ausweichen konnte.

Mehrere durcheinanderlaufende Geräusche waren nun zu hören. Wir wurden vom S-Gerät erfaßt! Zweimal wurden wir vom Zerstörer überlaufen. Wabos wurden geworfen, wovon eine geringen Schaden an unserem Boot anrichtete. Durch Hakenschlagen konnten wir ausweichen und uns vom Gegner lösen. Endlich konnten wir wieder Luft holen.

Da wir bis auf einen allerletzten Torpedo verschossen waren, traten wir, wie befohlen, den Rückmarsch an. Aber noch war uns keine Ruhe gegönnt.

Am nächsten Morgen um 8.17 Uhr wurden zwei Torpedos gesichtet, die die Oberfläche durchbrochen hatten. Wir gingen sofort auf AK und drehten ab. Die Torpedos liefen achtern backbord vorbei.

Ein englisches U-Boot der „Patrol"-Klasse tauchte plötzlich auf und lief mit Diesel hinter uns her. Kurzentschlossen machten wir jetzt unseren letzten Torpedo klar zum Schuß!

Der Engländer eröffnete das Feuer mit seinem Geschütz, die Aufschläge lagen im Kielwasser 200 bis 300 Meter entfernt. Mit Alarmtauchen gingen wir auf Gegenkurs und besetzten sofort das GHG, wo wir den Gegner in 103 Grad peilen konnten.

Schuß aus Rohr III mit dem letzten Aal – das hatte dem Gegner gereicht! Im GHG hörte ich, wie er sich mit hoher Fahrtstufe entfernte. Noch einmal Glück gehabt! Wir setzten den Rückmarsch fort und liefen am 8. Februar 1942 in der Straße von Messina ein.

Den Aufenthalt in Messina nutzten wir zu einem Freundschaftsfußballspiel mit einer italienischen Mannschaft. Später wurde dies zur Gewohnheit, wann immer wir wieder einmal Station hier machten.

In La Spezia war diesmal die dort stationierte Mannschaft zum Empfang angetreten. Unser Kommandant wurde vom Stützpunktleiter, Kapitänleutnant Frauenheim, und den anwesenden Offizieren begrüßt. Ein Umtrunk abends in der Kantine ließ uns alle Strapazen vergessen.

Mit meinem Heimaturlaub mußte ich leider bis nach der nächsten Fahrt warten. Aber Ausflüge in die schöne Umgebung und ein dreitägiger Kurztrip nach Genua boten mir genügend interessante Abwechslung.

In Genua waren wir zu Gast bei einer deutschen Vereinigung. Wir verbrachten die Zeit bei unseren freundlichen Gastgebern mit anregenden Unterhaltungen, Kegeln und Skatspielen. Sehenswert waren der Friedhof „Campo Santo" sowie noch eine ganze Reihe anderer Sehenswürdigkeiten, für die wir aber leider nicht viel Zeit aufbringen konnten.

Im Funkraum von „U-431" am Kurzwellenempfänger und -sender

Die fünfte Feindfahrt

Am 18. März 1942 waren wir wieder zu neuen Unternehmungen bereit. Ein Teil unserer Besatzung war zur weiteren Beförderung und Ausbildung auf andere Boote abkommandiert worden und die uns dafür zugeteilten Leute hatten noch keinerlei U-Boot-Erfahrung.

So kam es, daß es diesmal gleich zu Beginn des Auslaufens recht streng zuging mit Übungen für alle möglichen Situationen des Ernstfalles. Wir begannen zunächst mit einfachen Tauchübungen und anschließendem Tieftauchversuch. Die Neuen gaben sich alle erdenkliche Mühe, aber trotzdem konnte man den Unterschied zu erfahrenen U-Boot-Männern überdeutlich erkennen.

Nachdem alle Übungen zur Zufriedenheit des Kommandanten verlaufen waren, wurde in der Zeit von 15.23 Uhr bis 21.35 Uhr sechzehnmal (!) Alarmtauchen geübt. Dabei war auch nur einmaliges Alarmtauchen – mit all seinen Begleiterscheinungen – schon ein Erlebnis der besonderen Art! Wer sich von alledem eine Vorstellung machen kann, wird verstehen, mit was für einem Gefühl dann bei anschließend ruhiger Unterwasserfahrt die stets den Umständen entsprechend zubereitete Mahlzeit genossen wurde. Obergefreiter Werner Hahne, ein gelernter Konditor, war unser Koch. Er verstand es hervorragend, uns auch unter den schwierigsten Umständen vorzügliche Mahlzeiten zuzubereiten. Und zum weiteren Ausgleich legten wir im Funkraum Schallplatten auf, wobei natürlich auch persönliche Wünsche berücksichtigt wurden.

Funkraum und Horchraum befanden sich gegenüber der Ruhekabine des Kommandanten. So konnten wir oft hören, was dort gesprochen wurde. Gelegentlich hatten wir einen Kommandantenschüler an Bord, der lediglich als Beobachter mitfuhr. Bei ruhiger Fahrt lud Dommes solche Gäste manchmal zu einem Kartenspiel ein, wobei ich oft ihre Unterhaltung mitanhören konnte. Mit Kritik an höheren Dienststellen wurde dabei nicht gespart. Einmal beschwerte sich Dommes über das Verhalten unseres Funkmaat Hüsken, der seine Meinung dem Kommandant gegenüber oft recht hartnäckig vertrat. Dazu meinte unser Gast: *"Da muß man eben mal dem Funkmaat an den Schnabel fassen!"* Wir mußten beide sehr lachen, als ich dies später Hüsken erzählte.

Die Boote wurden wieder eingesetzt zur Bekämpfung der Geleitzüge nach Malta und Tobruk, was unser Operationsgebiet wurde. Am 21. März 1942 liefen wir von Messina aus ins östliche Mittelmeer. Unterwegs begegneten wir sieben italienischen Doppeldeckern, wahrscheinlich älterer Bauart. Diesmal gab es jedoch keinen irrtümlichen Zwischenfall.

Am 23. März 1942, um 12.20 Uhr, hatten wir die erste Horchpeilung. Nach dem Auftauchen war nichts zu sehen. Wir fuhren daher eine etwas weitere Strecke unter Wasser und tauchten dann noch einmal auf. Doch obwohl die Peilung schon recht laut war, war immer noch nichts zu sehen.

Endlich, nach wiederholtem Auftauchen, kam um 12.47 Uhr ein Zerstörerverband in Sicht. – Wieder hatten wir einen Beweis für die hohe Empfindlichkeit unseres Horchgeräts: Trotz störenden Seegangs der Stärke 5 bis 6 hatten wir den Zerstörer in einer Entfernung von über 15 Seemeilen hören können! Der Verband bestand aus sechs Zerstörern, die mit hoher Fahrt von uns wegliefen. Wir gaben Fühlungshaltermeldung ab, so daß Boote, die in günstiger Position zum Verband standen, angesetzt wurden. „U-652", Oberleutnant Fraatz, versenkte daraufhin den britischen Zerstörer „Heythrop".

Während der nächsten zwei Tage blieb es bis auf ein paar entfernte Horchpeilungen verhältnismäßig ruhig. Als der Kommandant doch einmal im Sehrohr ein Fahrzeug entdeckte, war es ein deutsches U-Boot. Wir wurden aber auch vor feindlichen U-Booten in diesem Gebiet gewarnt.

Am 28. März 1942, um 20.01 Uhr, meldete die Brücke in 20 Grad vier Zerstörer in Sicht, die in großem Abstand in zwei Gruppen nach Osten liefen. Immer wieder erklang der Ruf: *„Zerstörer, Zerstörer!"* Wir wollten doch den Nachschub bekämpfen!

Ein Funksignal wurde abgegeben. Dies hatte den Vorteil, daß es nur aus zwei bis vier Buchstaben zu bestehen brauchte und daher in Sekundenschnelle abgegeben und vom Gegner nicht gepeilt werden konnte. Ein einziger Buchstabe, beispielsweise das „D", konnte ausdrücken: *„Geleitzug in Sicht!"* Unser Kurzsignal lautete: *„Feind in Sicht, Cu Co 6776, vier Zerstörer, östlicher Kurs."*

Bei einer Entfernung von 4.000 Metern tauchten wir zum Unterwasserangriff. Wir gaben einen Viererfächer ab, doch es war wieder einmal ein Fehlschuß. Wahrscheinlich hatten die Zerstörer unsere Torpedos gehorcht und daher abgedreht. Trotz S-Gerät-Verfolgung wurden wir von ihnen nicht erfaßt. Einzelne Wasserbomben fielen weitab.

Am 2. April 1942 erfuhren wir, daß „U-77", Schonder, nach einem Angriff gebombt wurde und nun tauchunklar war. Mittels Funktelegramm wurden wir aufgefordert, mit Höchstfahrt zur Unterstützung heranzufahren. Über Wasser war Schonder noch manövrierfähig. Er wurde aber irrtümlich von einer „Ju-88" gebombt, zum Glück ohne dabei Schaden zu nehmen. Um 13.45 Uhr meldete Schonder, daß er sich in Sicherheit gebracht habe.

Am 7. April 1942 sichteten wir einen aus dem Dunst kommenden Zerstörer und schossen auf 2.500 Meter Entfernung einen Dreierfächer. – Fehlschuß! Ein Torpedo durchbrach die Wasseroberfläche, trotzdem blieben wir aber unbemerkt.

Am 9. April feuerten wir wieder einen Dreierfächer auf einen Zerstörer bei einer Entfernung von 1.500 Meter. Die eingestellten Werte waren sicher richtig, trotzdem war es schon wieder ein Fehlschuß! Nach dem Schuß gingen wir mit Alarm auf Tiefe. Der Zerstörer überlief unser Boot, es erfolgte jedoch keine Abwehr. Er hatte uns also nicht gesehen, obwohl unser Boot doch wie auf dem Präsentierteller lag.

Da wir nun verschossen waren und unser Boot eine ganze Reihe von Schäden erlitten hatte und wir zudem keine Fühlung mehr mit dem Geleit hatten, erbaten wir Rückmarsch zur Werfthilfe. In der Straße von Messina wurden wir von der Signalstelle angerufen und gaben unseren Morsenamen an. Trotzdem lief plötzlich ein Bewacher mit hoher Fahrt auf uns zu, in der deutlichen Absicht, uns zu rammen! – Wir gaben laufend Patrouillenerkennungssignal, welches aber nicht beantwortet wurde. Erst im letzten Augenblick stoppte der Bewacher und ging zurück. Nur mit Hartrudermanöver konnten wir eine Kollision verhindern.

Am 13. April 1942 machten wir zu einem zehnstündigen Aufenthalt in Messina fest, zwecks kurzer Erholung und einem Fußballspiel mit unseren italienischen Kameraden.

Ein Segler wird gerammt!

Dönitz kommt!

Am 15. April 1942 um 6.04 Uhr war unsere fünfte Feindfahrt beendet. Es waren vier Wochen Werftliegezeit vorgesehen, und – „*Hurra!*" – vom 18. April bis 3. Mai konnte ich Urlaub nehmen!

Der Einsatz aller Boote vor Tobruk wurde als voller Erfolg gewertet, und wir waren ziemlich überrascht, als schon am nächsten Tag der Befehlshaber der U-Boote, Admiral Dönitz, vor der Kaserne in La Spezia unsere Front abschritt und uns seine Anerkennung aussprach. Er wies auch darauf hin, daß er aus eigener Erfahrung die besonderen Umstände des U-Boot-Krieges im Mittelmeer zu würdigen wisse. Danach durfte ich mit neun weiteren Kameraden vortreten, und der Reporter konnte im Bild festhalten, wie mir Kapitänleutnant Dommes die Hand gab, nachdem er mir das EK II an die Brust geheftet hatte. Anschließend ging es zum Umtrunk mit kleiner Feier und viel Spaß.

Da noch genügend Zeit vorhanden war, ging ich gemeinsam mit zwei weiteren Kameraden in die Stadt zum Einkaufen. Im Schaufenster eines Souvenirladens entdeckte ich ein hübsches Schiffsmodell und schlug vor, daß wir es am nächsten Tag dem Kommandanten zum Geburtstag schenken sollten. Dieser nahm es dann auch erfreut in Empfang, und ein Bildreporter hielt diesen Augenblick fest und ließ das Foto in der Presse veröffentlichen.

Besichtigung durch Admiral Dönitz in La Spezia, 16. April 1942
(Vorne rechts: Werner Schneider)

Verleihung des EK II am 16. April 1942
(Dritter von links: Werner Schneider)

Wiedersehen mit Anita und Tante Dorle

In ausgezeichneter Stimmung und bepackt mit ein paar Kostbarkeiten für Anita und einigen Andenken für gute Freunde ging es wieder im vollbesetzten Urlauberzug durch den Brennerpaß über München nach Leipzig.

Wie glücklich ich war, Anita endlich wiederzusehen, muß ich wohl nicht näher beschreiben. Zu meiner großen Freude konnte ich alle meine vorgefaßten Pläne mit ihrem Einverständnis vollständig durchführen.

Wir begannen mit einem Besuch bei Familie Rauschenbach in Magdeborn bei Leipzig. Frohe Erinnerungen wurden ausgetauscht, und Anita wurde freudig und interessiert begrüßt („Was hat denn der Werner da für eine hübsche Braut!"). Inzwischen war bei Rauschenbachs eine kleine Christel angekommen, und so hatten wir sogar noch einen zusätzlichen Grund für ein fröhliches Beisammensein.

Am nächsten Morgen gingen wir gleich zum Schwimmen ins Stadtbad. Als einziges Freibad war hier das Germania-Bad vorzeitig geöffnet. Und Leipzigs Wahrzeichen, das Völkerschlachtdenkmal, stand natürlich ebenfalls auf unserer Liste. Gleich am folgenden Tage erfreuten wir uns von der Spitze des Denkmals aus an einem hervorragenden Rundblick über das Stadtgebiet und die südliche Umgebung. Für den besonders wegen seiner Löwen berühmten Leipziger Zoo war dann ein weiterer Tag vorgesehen.

Es fehlte uns nicht an Abwechslung. So unternahmen wir auch eine Bahnfahrt zur Familie Hermann Dippe, zum Rittergut Plotha bei Naumburg. Der Mann des gegenübersitzenden Ehepaares im Bahnabteil bot mir freundlich eine Zigarette an. Ich wollte ablehnen, da Zigaretten ja rationiert waren, aber er streckte sie mir mit einem auffordernden Lächeln entgegen, und ich merkte, daß er damit seine Verbundenheit mit den Frontsoldaten zum Ausdruck bringen wollte.

In Plotha war das Wiedersehen nach mehreren Jahren und durch die besonderen Umstände des Krieges sehr herzlich. Familienzuwachs, ein strammer Junge, war inzwischen angekommen. Da für das große Gut auch noch Dienstpersonal vorhanden war, war für unser Wohlbefinden bestens gesorgt. In dem großzügig eingerichteten Gutshaus war reichlich Platz, und auch Anita erhielt ein Schlafzimmer für sich. Am Essen merkte man hier ohnehin noch nichts von Rationierung. Wir konnten uns in jeder Hinsicht wohlfühlen. Ein Ausflug zur Schönburg an der Saale brachte uns weitere Abwechslung.

Aber auch dieser in jeder Hinsicht schöne Urlaub mußte einmal zu Ende gehen. Nach herzlichem, diesmal aber auch etwas wehmütigerem Abschied, saß ich bald wieder alleine in der Eisenbahn nach München.

Dort erwartete mich Tante Dorle, die Ehefrau von Hans Schneider, dem Bruder meines Vaters. Ein schönes, ansprechendes Haus beherbergte mich unter Dorles sehr besorgter Gastfreundschaft. Onkel Hans war als Offizier in der Verwaltung eingesetzt.

Dorle war eine emsige Hausfrau. Selbst während man sich miteinander unterhielt, hatte sie oft irgend etwas zu ordnen, ohne aber damit die Unterhaltung zu unterbrechen. Wir kamen bald über weltanschauliche Fragen ins Gespräch, und ich erfuhr, daß sie eine Anhängerin der Philosophie von Mathilde Ludendorff, der Frau des berühmten Generals Ludendorff, war. Dadurch eröffneten sich für mich neue und interessante Gedankengänge, und so kam es in der Folge oft zu langen, zuweilen auch gespannten Diskussionen. Natürlich war sie bemüht, mich von ihrer Einstellung zu überzeugen. Als wir einmal eine Radtour unternahmen, ereiferte sie sich dabei so sehr, daß ich Angst bekam, sie würde vom Rad fallen. Sie blieb aber immer sehr freundlich und umgänglich und ich empfand sie als sehr sympathisch.

Auch ließ Tante Dorle es nicht an guten Ratschlägen fehlen, wie ich mich meiner Anita gegenüber verhalten sollte. Somit hatte ich für die nächste Zeit genügend Themen, die mich geistig beschäftigten. Die Einladung zu einem weiteren Aufenthalt im nächsten Urlaub, nahm ich gerne an.

Bei Tante Dorle
in Gauting bei München

Die sechste Feindfahrt: In großer Gefahr

In La Spezia wurden die letzten Vorbereitungen wie immer mit größter Sorgfalt durchgeführt. Tobruk war wieder unser Einsatzgebiet, und wir machten uns darauf gefaßt, daß es besonders hart zugehen würde, da die Engländer sicher alles daran setzen würden, um Tobruk zu halten.

Am 14. Mai 1942 um 16.50 Uhr ertönte das Kommando: *„Leinen los!"* und wir liefen zur sechsten Feindfahrt aus. Am 18. Mai 1942 standen wir dann im Gebiet vor Tobruk. Es war diesmal besonders gefährlich, da wir in Küstennähe in flachen Gewässern operierten.

Um 19.43 Uhr sichteten wir einen Dampfer mittlerer Größe und liefen auf ihn zu, obwohl wir bereits die 50-Meter-Linie der Wassertiefe unterschritten hatten. Als die Tiefenlotung 40 Meter anzeigte, entschloß sich der Kommandant zum Schuß bei einer Entfernung von 3.000 bis 4.000 Metern. Nach vier Minuten und 15 Sekunden erzielten wir einen Treffer Achterkante Brücke. Wir beobachteten starke Rauchentwicklung, drehten aber wegen der geringen Wassertiefe sofort nach Norden ab.

Es war sehr dunstig. Als wir plötzlich mehrere Schatten ausmachten, gingen wir sofort mit Alarm auf Tiefe. Nach Horchpeilung stellten wir erschrocken fest, daß wir mitten vor einem Geleitzug standen!

Das Geleit war stark gesichert, und Zerstörer zackten mit verhältnismäßig hoher Fahrt. Ein etwa 3.000 Tonnen schwerer Dampfer fuhr nah an unserem Boot vorbei. Als wir endlich fertig zum Schuß waren, sah der Kommandant noch einen weiteren großen Tanker folgen.

Noch waren wir nicht entdeckt! Dommes entschloß sich daher, mit dem Angriff noch zu warten. Auf 800 Meter schossen wir dann einen Zweierfächer und erzielten zwei Treffer! – Schon hatte Dommes das Sehrohr auf ein weiteres Ziel gerichtet, mußte den Angriff aber wegen ungünstiger Schußposition und einsetzender Verfolgung durch Zerstörer abbrechen.

Einem der Zerstörer mußte es gelungen sein, uns zu orten, denn plötzlich hörte ich im Horchgerät ein sich näherndes Turbinengeräusch. Ich meldete dem Kommandanten: *„Zerstörer in 160 Grad, kommt schnell näher!"*

Sofort tauchten wir tiefer, doch S-Gerät-Impulse trafen unser Boot. Wir versuchten, durch Kursänderung auszuweichen, konnten aber den Zerstörer nicht abschütteln. Schon war er so nah, daß man ihn auch ohne Gerät im Boot hören konnte! Sofort wurde Schleichfahrt und absolute Ruhe im Boot befohlen.

Der Zerstörer stoppte. So wie ich ihn am Gruppenhorchgerät verfolgen konnte, war ich überzeugt, daß er nunmehr genau über uns liegen mußte. Meine Beobachtung teilte ich dem Kommandanten in der Zentrale mit.

Absolute Stille! Die Spannung war wohl für jeden kaum noch erträglich.

„Frage Horchpeilung?" – *„Nichts zu hören!"*
Das wiederholte sich ein paarmal.
Wie aber konnte der Zerstörer so lange genau über uns liegen? Er müßte dazu doch wohl den, wenn auch sehr langsamen, Bewegungen des Bootes folgen! Dommes traute der Situation nicht mehr.
Nochmals: *„Frage Horchpeilung?"*
„Keine! Absolute Ruhe!" war meine Antwort und ich fügte noch hinzu: *„Herr Kaleu, der Zerstörer muß noch über uns liegen! Ich habe nicht gehört, daß er sich entfernt."*
Die Geduld war wohl am Ende und die Nerven zum Zerreißen gespannt. Jedenfalls hörte ich, der Kommandant wolle auftauchen, und blickte sorgenvoll durch die Luke in die Zentrale, wo Dommes und der Leitende Ingenieur am Sehrohr standen.
„Boot klarmachen zum Auftauchen!"
Genau in diesem Augenblick dröhnte das überlaute durchdringende Geräusch der angeworfenen Turbinen des Zerstörers durch unser Boot! Ich sah gerade noch, wie Dommes und Donath kreidebleich vor Schreck neben dem Sehrohr standen. Der Zerstörer hatte wohl ebenfalls aufgegeben und stampfte davon.
Natürlich hatte auch mich dieser ganze Vorgang bis ins Innerste getroffen, und ich kann mich noch heute, nach über sechzig Jahren, an jede Einzelheit genau erinnern. Mit unglaublich viel Glück waren wir gerade noch einmal davongekommen!

Als achteraus wieder mehrere Zerstörergeräusche aufkamen, stießen wir zwei Bolde aus, um mehreren Impulsen von S-Geräten zu entkommen. Später erhielten wir die Bestätigung, daß wir den britischen 4.217-Tonnen-Tanker „Cocene" versenkt hatten.
Beim Auftauchen wurden wir sofort von einer zweimotorigen Kampfmaschine angegriffen. Einige Bomben fielen hinter das Boot, erwirkten aber nur leichte Ausfälle. Da unsere Position nun verraten war, setzten wir uns ab.
Nach dem Auftauchen sichteten wir ein Lazarettschiff Richtung Tobruk. Auf Tobruk selbst hatte sich unsere Luftwaffe mit einem stundenlang dauernden Angriff gestürzt. Weithin waren an der Küste Brände zu sehen. Auch die Italiener waren wohl an den Luftangriffen beteiligt, denn eine italienische Maschine, die an der rechten Tragfläche brannte, flog an unserem Boot vorüber, während ein zweites Kampfflugzeug zu ihr stieß und sie begleitete.
Da sich sehr starker Dunst ausbreitete, fuhren wir getaucht weiter. Nach dem Auftauchen erhielten wir durch Funktelegramm eine italienische Sichtmeldung über ein größeres Geleit von zehn Einheiten. Weil schlechte Sicht herrschte, tauchten wir wieder und vernahmen am Horchgerät das typische Geräusch des noch entfernten Geleitzugs in 115 Grad.

Auf Sehrohrtiefe kam in 112 Grad ein Mast in Sicht, und danach sichteten wir drei Dampfer und mindestens fünf Bewacher. Die Zerstörer orteten laufend mit S-Gerät, hatten uns aber noch nicht erfaßt, obwohl ein Bewacher ziemlich dicht an unserem Boot vorbeifuhr. Dennoch wuchs unsere nervliche Belastung durch den ständigen „Ping-Ping"-Klang der S-Geräte.

Wir hatten bereits die 100-Meter-Wasserlinie überschritten. Der Kommandant konnte sich auf zwei 3.000- bis 4.000-Tonnen-Dampfer konzentrieren, die beide kurz hintereinander liefen. Wir waren zum Schießen bereit.

„*Viererfächer, los!*" – Nach 3 Minuten und 54 Sekunden, was einer Entfernung von 3.500 Meter entspricht, sowie nach 5 Minuten und 16 Sekunden, gleich 4.600 Meter Entfernung, erzielten wir jeweils einen Treffer!

Dommes sah noch, wie ein Torpedo die Wasseroberfläche durchbrach. Wir tauchten sofort auf A - 5 (75 Meter). Die Wassertiefe betrug nur noch 90 Meter. Wir stießen fünf Bolde zur Abwehr von Ortungen aus, drehten scharf über westlichen Kurs nach Nord und – ein knirschendes Geräusch – saßen auf! Gott sei Dank, war es sandiger Grund und so gelang es uns rasch, wieder freizukommen.

Gleich darauf wurde ein S-Gerät-Impuls sehr laut, und ein Zerstörer lief über unser Boot hinweg, ohne jedoch Wasserbomben zu werfen. Vier schwere Detonationen waren zu hören. In mehreren Richtungen orteten wir Zerstörergeräusche. Insgesamt hörten wir über hundert Detonationen. Die U-Boot-Jagd war in vollem Gange!

In diesem Gebiet wurde am 28. Mai 1942 „U-568", Kapitänleutnant Preuss, nach 15stündiger Verfolgung von den britischen Zerstörern „Hero", „Hurworth" und „Eridge" vernichtet.

Wir hatten bereits zwei Torpedos nachgeladen, als ein Bewacher in Sicht kam. Als er in etwa 2.000 Metern Abstand an unserem Boot vorbeifuhr, schossen wir einen Zweierfächer. Jedoch ein Torpedo durchbrach die Oberfläche, wurde zum Kreisläufer und kreiste über uns, so daß er auf der ganzen Skala zu hören war.

Dies war trotz sorgfältiger und vorschriftsmäßiger Pflege und Vorbereitung nun schon der zweite Torpedoversager auf dieser Fahrt! Und auch auf der vorherigen Fahrt hatte ja schon ein Aal die Oberfläche durchbrochen! Waren denn die oft glatte See, das klare Wasser, die geringe Wassertiefe und die Luftüberwachung nicht schon gefährlich genug? Mußten wir uns denn durch versagende Torpedos tatsächlich einem noch größeren Risiko aussetzen als unbedingt nötig war? – Der Bewacher selbst hatte zwar nichts bemerkt. Doch unser Kommandant entschloß sich, die Torpedoversager mittels Funktelegramm zu melden.

Als wir auftauchten, wurden wir nochmals von einem Zerstörer überlaufen. Er hatte wohl zu hohe Fahrt, denn seine Wasserbomben fielen zu weit ab, um uns schaden zu können.

Am 27. Mai 1942 empfingen wir um 22.07 Uhr folgenden Funkspruch: *„FT 530, Dommes von Befehlshaber: Gut gemacht!"*

Bei 40 Grad Hitze liefen wir am 30. Mai 1942 in Salamis ein. Der Stützpunkt war in einem bescheidenen Zustand. Die Werftarbeiten wurden in der gegenüberliegenden Werft in Piräus ausgeführt, doch Piräus war für uns wegen Seuchengefahr gesperrt. Unser Aufenthalt in Salamis sollte nur so lange dauern, wie für die Werftarbeiten erforderlich war.

Wie stets zuvor, nahm ich auch hier wieder die erstbeste Gelegenheit zu einem Kontakt mit der einheimischen Bevölkerung wahr. Dabei hatte ich das Glück, an einen jungen intelligenten Griechen zu geraten, der fließend deutsch sprach und mir die Sehenswürdigkeiten der Stadt Athen zeigte.

Spätestens beim Anblick der Akropolis mußte ich allerdings leider erkennen, daß der Zustand der Bauten nicht mehr dem entsprach, was ich aus Geschichtsbüchern in Erinnerung hatte. Aber bei längerer Betrachtung und mit viel Vorstellungsvermögen konnte ich dann vor meinem geistigen Auge doch noch jenes imposanten Bauwerkes der griechischen Hochkultur gewahr werden.

Mein Eindruck von der Bevölkerung hingegen war leider – wohl kriegsbedingt – nicht sehr erhebend. Als ich eine halbverhungerte Gestalt am Rande eines Fußwegs liegen sah und meinen Begleiter etwas erschrocken darauf hinwies, beruhigte mich dieser mit den Worten, es sei unter den Deutschen schon sehr viel besser geworden. Unter den Italienern sei es um einiges schlimmer gewesen. Das soeben Gesehene bedrückte mich sehr, und ich konnte mich mit dieser schlimmen Situation nur schwer abfinden. Dies waren Eindrücke, wie ich sie bis dahin noch nicht vermittelt bekommen hatte.

Nach vier Tagen Werftliegezeit waren wir wieder zum Auslaufen aus Salamis bereit. Doch der allgemeine Gesundheitszustand unserer Besatzung hatte in diesen vier Tagen stark gelitten: Die „Nummer Eins", ein Funkmaat und ein Funkgast hatten über 40 Grad Fieber, zehn Mann der Besatzung über 38 Grad. Sehr viele litten an Durchfall und waren dadurch geschwächt.

Es ist wohl ersichtlich, daß der Zustand der Besatzung bei nur einer einzigen kleinen Toilette für 50 Mann zu geradezu unerträglichen Erscheinungen führen mußte. Wir versuchten, diese Situation durch die Verwendung eines zusätzlichen großen metallenen Behälters mit zwei Henkeln etwas zu entschärfen. Bei Überwasserfahrt zogen wird den vollen Behälter mit Seilen auf die Brücke hoch und entleerten ihn ins Meer. Die Fische werden sich wohl nicht angesteckt haben, für uns aber war es eine große Erleichterung.

Die Berichte von den Fronten waren zu dieser Zeit trotz kleinerer Rückschläge immer noch ermutigend. Das Afrikakorps hatte nach vorübergehendem Rückzug den britischen Widerstand westlich Tobruk gebrochen.

Doch in der Heimat bekam inzwischen auch die Zivilbevölkerung die Schrecken des Krieges immer stärker mit. Am 31. Mai 1942 fand ein Großangriff britischer Bomber auf Köln statt. Die planmäßige Flächenbombardierung deutscher Städte nach dem Lindemann-Plan und hier insbesondere die Vernichtung der Wohnviertel mit Spreng- und Brandbomben fand dabei einen ersten grausigen Höhepunkt.

Unser Einsatzwille konnte jedoch dadurch nicht geschwächt werden. Auch Kameraden, die aus bombengeschädigten Städten zurückkehrten, waren davon nicht im geringsten beeindruckt. Noch immer trugen wir in uns die Hoffnung und Zuversicht.

„Funkpeiler ausfahren!"

Werner Schneider und Funkmaat Plettner am Horchgerät

Die siebte Feindfahrt: Wilde Jagd

Am 4. Juni 1942, um 11.30 Uhr, erfolgte die letzte Überprüfung aller Geräte und danach die Musterung durch den Kommandanten. Um 17.00 Uhr liefen wir zu unserer siebten Feindfahrt aus. Gleich nach dam Auslaufen mußten wir aber feststellen, daß ein Zylinderdeckel am Steuerbord-Diesel gerissen war. In mühseliger Arbeit – Ausbau, Reparatur und Wiedereinbau – gelang es unseren Kameraden, den Schaden zu beheben.

Im Operationsgebiet angelangt, wurden zwei Dampfer und zwei Geleitboote gemeldet. „U-82", Guggenberger, konnte einen 6.000-BRT-Tanker versenken. Noch am gleichen Tage griffen wir das gemeldete Geleit mit einem Viererfächer an. Nach 6 Minuten und 58 Sekunden hörten wir zwei Detonationen und vermuteten je einen Treffer auf Dampfer und Bewacher. Bestätigt wurde uns die Versenkung des britischen Dampfers „Havre" mit 2.073 BRT.

Nachdem die Torpedos nachgeladen waren, versuchten wir, uns bei Überwasserfahrt vor den Geleitzug zu setzen. Da stieß ein „Swordfish"-Flugzeug auf uns zu und zwang uns, mit Alarm auf Tiefe zu gehen und unser Vorhaben aufzugeben.

Am 11. Juni 1942, um 15.05 Uhr, empfingen wir: *„FT 570, von Befehlshaber: Guggenberger, Heidtmann, Schlippenbach und Dommes: Ich spreche Ihnen für die erzielten Erfolge meine volle Anerkennung aus. Sie sind im gegenwärtigen Zeitpunkt von besonderer Bedeutung für den harten Kampf in der Cyrenaika."*

In der folgenden Nacht flogen uns dreimal Flugzeuge in geringer Höhe an, so daß wir gerade noch mit Alarmtauchen den Angriffen entgehen konnten. Zweifelsohne waren wir mit Geräten geortet worden.

Bereits einen Tag darauf hatten wir wieder Horchpeilung und nahmen ein breites Band von Geräuschen wahr. Nach dem Auftauchen befanden wir uns mitten in einem Geleitzug! Da es Nacht war, und wir noch nicht bemerkt worden waren, entschloß sich Dommes zu einem Zweierfächer auf einen Dampfer des Typs „Aklekerk", hinter dem aber ein Bewacher stand. – Beide Fächer waren Fehlschüsse, so daß wir mit Alarm auf Tiefe gehen mußten. Die „Aklekerk" wurde am nächsten Tag von Stukas versenkt.

13. Juni 1942. Getaucht zum Horchen. Ein weit entferntes Geleit sowie mehrere Detonationen waren zu hören. Nach dem Auftauchen war nichts zu sehen. Später kam ein Segler in Sicht, der die englische Kriegsflagge führte und ein Schnellfeuergeschütz an Bord hatte. Ein Angriff mit Doppelschuß ging fehl, wahrscheinlich durch Untersteuerung des Tiefgangs. Wegen Luftgefahr mußten wir tauchen.

Nach dem Auftauchen gaben wir folgendes Funktelegramm ab: *„Von Dommes: Qu. 9245 Fehlschuß auf bewaffneten Segler, Kriegsflagge, vermute U-Boot-Falle!"*

Sofort wieder Alarm: Leuchtbombe rechts voraus! Es war wieder für Abwechslung gesorgt. Weitab konnten wir Geräusche von Zerstörern und Dampfern und mehrere Detonationen wahrnehmen. Die U-Boot-Jagd war in vollem Gange. Nach dem Auftauchen wurden wir sofort von einer englischen Kampfmaschine überflogen. Es erfolgte aber kein Bordwaffenbeschuß.

Plötzlich kam ein U-Boot in Sicht: Es war „U-72", Schonder. Dazu erschienen noch zwei „Ju-88", mit welchen wir ES (Erkennungssignal) austauschten. Wir fuhren zu Schonder bis auf Rufnähe zum Erfahrungsaustausch. Er hatte am 12. Juni 1942 den britischen Zerstörer „Grove" versenkt.

Um 14.22 Uhr wieder Alarm: Ein Flugzeug! Während des ganzen Nachmittags waren schwere Detonationen zu hören. Wir blieben bis zur Programmzeit aufgetaucht. Programmzeit war die festgesetzte Zeit zur Wiederholung der letzten Funksprüche für Boote, die unter Wasser waren.

19.45 Uhr: Eingang *„FT 1814/15/583: Soweit möglich, auf deutsche Seenotfälle achten! Mar Qu. CO 5658, 5380 und 5330."*

Wir steuerten Qu. 5380 an. Genau in 0 Grad leuchtete ein grüner Stern auf. Wir liefen mit Höchstfahrt darauf zu. Es wurden weiter rote und grüne Sterne geschossen. Als wir ein Flugsicherungsboot sichteten, fuhren wir darauf zu und konnten uns auf Rufnähe verständigen, woraufhin das Boot plötzlich abdrehte. Wir sahen ein helles Aufblitzen voraus und erkannten zwei Schlauchboote, mit neun Mann besetzt. Sofort fuhren wir darauf zu und legten an. Von Catania auf Sizilien aus war bereits eine Seenotmaschine der Seenotstaffeln neben dem Schlauchboot gelandet, war aber bei dem herrschenden Seegang von einer Welle erfaßt worden und in der Mitte auseinandergebrochen. Hierdurch wurde diese Besatzung ebenfalls ein Seenotfall.

Paul Tenholt hat darüber berichtet: *„Neun Flieger wurden an Bord geholt, total erschöpft, aber glücklich. 36 Stunden hatten sie in ihren Schlauchbooten aushalten müssen in der sengenden Sonne am Tage und in der dann in starkem Gegensatz stehenden Kühle der Nacht.*

So groß die Freude über die Rettung auf beiden Seiten war – bei den Fliegern wie bei den U-Boot-Männern – so war sie doch nicht ungetrübt. Der Kommandant der „Ju-88", ein junger Fliegerleutnant, konnte nicht geborgen werden.

Nach der mißglückten Landung der „Dornier-Wal" hatten beide Flugzeugbesatzungen auf dem noch schwimmfähigen Rumpf der Seenotmaschine Platz genommen. Man hatte auch reichlich Zeit, die besseren Schlauchboote der „Dornier-Wal" klarzumachen. Die Flieger stiegen vom

Flugzeugrumpf in die Schlauchboote um. Der Flugzeugkommandant der „Ju-88" sprang vom Flugzeugrumpf zu der den Schlauchbooten abgekehrten Seite ins Wasser. Er wollte unter dem Rumpf durchtauchen, um dann das Schlauchboot zu besteigen. Diese jungenhaft leichtsinnige Handlungsweise mußte er mit dem Leben bezahlen: Der Leutnant wurde von einer Welle erfaßt und wurde abgetrieben.

Wegen des herrschenden Seeganges konnte der Schwimmende von den Schlauchbooten nicht erreicht werden. Sein Rufen wurde noch einige Zeit gehört, aber Rettung konnte ihm keiner mehr bringen. „U-431" setzte die Suche nach dem Verschollenen noch einige Zeit fort, brach aber die Aktion wegen Aussichtslosigkeit ab und ging nun endlich auf Heimatkurs."

Nach der üblichen Rast in Messina legten wir am 20. Juni 1942 in La Spezia an. Jetzt erst empfanden wir eine spürbare Erleichterung. Ein herzlicher Empfang wurde uns zuteil durch den Führer der U-Boote, Konteradmiral Kreisch, und den Stützpunktleiter, Kapitänleutnant Frauenheim. Beide nahmen ungezwungen an unserem Umtrunk mit viel Spaß und „Allotria" teil.

Eine große Werftliegezeit war vorgesehen, da neben den üblichen Reparaturen zwei neue Dieselmotoren und neue Batterien eingebaut werden sollten. Für die Besatzung gab es drei Wochen Heimaturlaub und zwei Wochen Erholung in einem feudalen Hotel, das die U-Bootwaffe in dem Badeort Viareggio an der Dalmatischen Küste gepachtet hatte.

Sicher hatten wir uns das verdient, da die zahlreichen Angriffe durch Zerstörer und Flieger sowie das häufige Alarmtauchen und die Wasserbombenverfolgungen auf dieser Fahrt unsere Nerven bis aufs Äußerste strapaziert hatten. Wir waren fast pausenlos im Einsatz gewesen und hatten alles gegeben, um unsere Kameraden vom Afrikakorps bei ihrem schweren Einsatz vor Tobruk zu helfen.

Und als sollten wir dafür belohnt werden, kam am nächsten Tag die Meldung durch, daß am frühen Morgen des 21. Juni 1942 Rommel um 5 Uhr früh an der Spitze seiner Kampfstaffel nach Tobruk eingefahren war! Der Wehrmachtsbericht meldete unter anderem: *„Wie durch Sondermeldung bekanntgegeben, erstürmten deutsche und italienische Truppen unter dem Befehl des Generalobersten Rommel gestern den größten Teil der stark ausgebauten Festung Tobruk."*

Die große Schlacht in der Marmara hatte damit ihre Krönung gefunden. Insgesamt wurden über 45.000 Gefangene gemacht und über 1.000 Panzer sowie fast 400 Geschütze vernichtet oder erbeutet. Wir hatten unser Bestes zu diesem großen Erfolg des Afrikakorps beigetragen und konnten stolz darauf sein.

Drei Wochen Heimaturlaub

Die Vorfreude auf den Urlaub, der so viel Abwechslung versprach, ließ alle Strapazen von uns abfallen.

Freundlich vom italienischen Personal begrüßt, bezog ich ein großes Doppelzimmer für mich allein in dem uns zugewiesenen Hotel, welches nur ein paar Schritte vom Strand entfernt lag. Sonne, Seeluft und ruhige Atmosphäre versprachen gute Erholung. Endlich konnte ich auch wieder einmal schwimmen, radfahren und spazierengehen!

Ein Radausflug zum nahegelegenen Pisa ließ uns die dortigen Sehenswürdigkeiten bewundern. Natürlich kletterten wir auch die schiefe Treppe zum Turm hinauf, um die schöne Aussicht auf die umgebenden Gebäude und Landschaft zu genießen.

Als ich mit einem Kameraden eine weitere Radtour machte, wurden wir plötzlich von einem Soldaten angehalten: *„Posto di blocco!"* rief er uns zu. Da ich ihn gleich auf Italienisch ansprach, war er sehr freundlich und erklärte uns, daß er hier postiert war, um die Küste vor einer eventuellen Landung Alliierter zu schützen. Hier im Mittelmeer mußte man offenbar mit den unwahrscheinlichsten Überraschungen rechnen!

Bald waren zwei Wochen Urlaub ohne Aufregung vergangen. Zeit und Muse hatte ich inzwischen genug gehabt zum Nachdenken über das bisher Erlebte.

Es war Krieg, aber davon hatte ich ja während meiner Ausbildungszeit kaum irgendwelche Auswirkungen gespürt. Bis ich dann schlagartig mit der Wirklichkeit konfrontiert wurde, als ich die zerfetzten Leichen meiner Kameraden nach dem Luftangriff auf Wilhelmshaven vor mir liegen sah.

Das U-Boot-Fahren danach begann verhältnismäßig ruhig, beinahe wie ein interessantes Abenteuer. Dann aber häuften sich die Einsätze.

Vor Alexandria hatte ich für ein paar Augenblicke Gelegenheit, einen brennenden Tanker zu beobachten, als feurige Teile in die Luft schossen.

Ich saß mit Funkmaat Paul Plettner am Horchgerät und zählte wie so manches Mal: *„1–2–3–4 Sekunden."* Dann ein ungeheurer Knall mit nachhaltigen Explosionen, die unser Boot stark erschütterten, anschließend prasselnde Sinkgeräusche im Hörer. Danach war alles ruhig im Boot.

Paul und ich blickten uns einen Augenblick erschrocken an: *„Denk mal daran, Werner: 200 bis 300 junge Männer wie du und ich, mit einem Schlag in die Luft!"* Es entstand eine Pause. *„Ja, aber es hätten auch ebenso gut wir sein können!"* war meine Antwort.

So war also der Krieg: Du oder ich! – Etwas anderes gab es nicht.

Die letzten Tage in La Spezia nutzte ich für Besorgungen. In unserer Kantine besorgte ich mir preiswert einen Stoff, wovon mir unser italienischer Schneider einen tadellosen Zivilanzug anfertigte.

Der Urlauberzug nach Deutschland war diesmal überfüllt. Einen meiner zwei Koffer ließ ich im Gepäckwagen zur Aufbewahrung. Ein Fehler: Als ich in Leipzig ankam, war der Koffer nicht mehr da! Damit waren mein Fotoapparat und einige Lebensmittel weg. Als ich den Verlust meldete, versprach man mir, daß man nachforschen würde.

Der Urlaub verlief diesmal viel ruhiger, mit längerem Aufenthalt in Löwenberg und ein paar Tagen in Leipzig. Obwohl ich mich in Viareggio gut erholt hatte, war ich diesmal doch abgespannter als bisher. Die letzte Fahrt hatte ihre Spuren hinterlassen. Um so mehr genoß ich die schönen, ruhigen Tage mit Anita. Und auf der Rückfahrt durfte ich wieder Tante Dorles großzügige und aufmerksame Gastfreundschaft genießen.

Die achte Feindfahrt: Ohne Feindberührung

2. September 1942, 18.15 Uhr: *„Leinen los zur achten Feindfahrt!"*
In unserer Besatzung war die Spannung diesmal sehr groß: Wie sah es jetzt wohl aus im Seegebiet vor Tobruk? Rommel war bereits weiter vorgestoßen und hatte unter schwerstem Einsatz die Festung Marsa Matruk genommen und über 6.000 Gefangene gemacht. Daher war es nicht verwunderlich, daß wir ins westliche Mittelmeer beordert wurden, wo wir Wartestellung beziehen sollten.

Es war ruhig und es wurden uns wechselnde Operationsgebiete zugeteilt. Der Unterschied zu unserer letzten Fahrt war deutlich: Wir vergnügten uns sogar gelegentlich mit dem Fang von Schildkröten. Der Versuch, daraus eine Suppe oder Gulasch zuzubereiten, mißlang allerdings gewaltig. Die Wache hielt aber weiterhin scharf Ausblick, so daß wir gegebenenfalls ausweichen oder tauchen konnten, um nicht gesehen zu werden.

Als neuestes Gerät waren wir mit dem „Metox"-Empfänger ausgerüstet worden, mit dem wir Ortungsimpulse auf 100 Kilometer Entfernung empfangen konnten. Ich hielt das Gerät für hervorragend. Obwohl es zu Beginn durch Empfang vieler unterschiedlicher Geräusche etwas verwirrend erschien, hatten meine Funkkameraden und ich bald den charakteristischen Ton herausgefunden, der uns vor einem Schiff oder einem Flugzeug geortet hatte. Dann rief ich stets sofort: *„Alarm: Radar!"* und runter ging's in den Keller!

Nach dem Krieg ist immer wieder betont worden, daß Radar ausschlaggebend gewesen sei für die schweren Verluste der U-Bootwaffe in den letzten Kriegsjahren. Ich kann dazu sagen, daß wir auf unseren letzten Fahrten kein einziges Mal – weder bei Tag, noch bei Nacht – durch Radarortungen gefährdet gewesen waren, wenn wir nur das Funkmeßbeobachtungsgerät ordentlich bedienten. Unser „Metox"-Empfänger hatte sich stets als sehr verläßlich erwiesen.

Auf dieser Fahrt hatten wir, bis auf viele Fliegeralarme, keine Feindberührung. Einmal kreiste eine „Ju-88" über unserem Boot zum ES-Austausch und das Gleiche geschah auch mit drei deutschen Schnellbooten.

Zu Ende dieser Fahrt empfingen wir noch den Funkspruch, daß „U-205", Kapitänleutnant Reschke, den britischen Flakkreuzer „Hermione" versenkt hatte. Der 1. W.O. bei Reschke war Oberleutnant zur See Dietrich Schöneboom, der nach unserer zehnten Fahrt unser Boot „U-431" übernehmen sollte.

Die neunte Feindfahrt: Es wird wieder spannend!

Am 27. September 1942, um 9 Uhr, legten wir in La Spezia an. Proviantabgabe und Werftarbeiten wurden unverzüglich in Angriff genommen. Es blieb nur wenig Zeit. Nach nur zwei Tagen und neun Stunden hieß es bereits wieder: *„Leinen los!",* und um 18 Uhr liefen wir zu unserer neunten Feindfahrt aus.

Bereits am 2. Oktober 1942 empfingen wir ein Funktelegramm vom Führer der U-Boote: *„Englischer Großangriff bei El Alamein hat am 24.10. eingesetzt, erster Stoß ist aufgefangen. Landungsoperationen westlich El Alamein und gleichzeitig Operationen vor Gibraltar nicht ausgeschlossen."* – Es versprach also wieder spannend zu werden! Das bedeutete, daß wir von jetzt ab mit vermehrter Aktivität im westlichen Mittelmeer zu rechnen hatten.

Noch war es ruhig. Als wir einen neutralen Dampfer sichteten, tauchten wir zu Horch- und Angriffsübung und mußten feststellen, daß die Horchweite in diesem Gewässer nicht so groß war wie bisher.

Endlich, am 25.10.1942, um 16.01 Uhr, empfingen wir dieses Funktelegramm: *„Von FdU an Westboote: „Furious" und Zerstörer 12.15 Uhr Gibraltar ausgelaufen. Mit Auslaufen einer Unternehmung von Westen wird gerechnet."* Weitere Funksprüche gaben anderen Booten Anweisungen für neue Wartestellungen.

Am 28.10.1942, um 15.12 Uhr, erhielten wir dann den entscheidenden Funkspruch: *„1247/28/509 von FdU an Westboote: „Furious", 2 Kreuzer und 6 Zerstörer, 9.30 Uhr Gibraltar ausgelaufen. Vermutlich Flugzeugüberführung. Nicht ausgeschlossen, daß zum Absetzen Seegebiet westlich der Balearen aufgesucht wird."*

„Furious", der größte britische Flugzeugträger, wurde eingesetzt, um Flugzeuge zur Entlastung der durch Stuka-Angriffe bedrohten Insel Malta zu bringen. Da für ein Schiff die U-Boot-Gefahr beim Einlaufen in einen Hafen immer am größten war, ließ die „Furious" die Flugzeuge vorher absetzen.

Um 23.30 Uhr meldete „U-605", Schütze, daß er bei einem Viererfächer auf einen Trägerpulk bemerkt worden war. Da nun die Position des Trägerverbandes bekannt war, wurden alle Boote darauf angesetzt.

Nach vielem Manövrieren und Warten konnten wir endlich die Meldung abgeben: *„29.10.42, 17.09 Uhr: In r.w. 8 Grad, Zerstörer in Sicht! Boot dreht auf 210 Grad. Gleichzeitig in 87,5 Grad mehrere Masten in Sicht. Die Zerstörer bzw. Geleitboote kommen schnell heraus. Über dem Verband kreisen Kampfmaschinen."*

Da der Wind seit 16 Uhr völlig abgeflaut war, war die Wasseroberfläche völlig glatt. Unser Boot stand direkt vor zwei Geleitbooten, die mit S-Gerät orteten.

17.12 Uhr: Der Träger war jetzt einwandfrei heraus und peilte in 93 Grad.

17.37 Uhr: Viererfächer auf den Flugzeugträger „Furious"!

Nun passierte ein Mißgeschick: Beim Tauchen kam unser Boot mit Brücke und Heck aus dem Wasser heraus! Der Fächer lief und war minutenlang im Horchgerät zu hören. – Fehlschuß! – Es erfolgte jedoch keinerlei Abwehr, obwohl wir annahmen, daß wir durch das Herauskommen des Bootes bemerkt worden waren.

Nach Meinung des Kommandanten hätte der Fächer auch bei normalem Abzacken des Trägers treffen müssen. Unsere Angriffsposition war günstig und die Schußunterlagen nach Meinung des Kommandanten klar. Wenn also, wie wir annehmen mußten, der Träger abgezackt bzw. ausgewichen war, weil er unser Boot beim fehlerhaften Wiederauftauchen entdeckt hatte, dann war es doch höchst unwahrscheinlich, daß nicht die geringste Abwehr erfolgte.

Des Rätsels Lösung erfuhren wir nach dem Krieg, als Paul Tenholt am 19. Februar 1980 von Mr. Coppock (Naval Historical Branche, Ministry of Defence, London) folgenden Bericht erhielt: *„Am 29. Oktober 1942 um 16.38 Uhr hatte die „Furious" einen Routinekurswechsel von 260 auf 236 Grad durchgeführt, also genau eine Minute nach dem Abschuß des Viererfächers."* – Es bestand eine Stunde Unterschied zwischen amerikanischer und unserer Zeit. Also war der Kurswechsel um 17.38 Uhr unserer Zeit erfolgt. Zieht man dabei die Laufzeit unserer Torpedos in Betracht, so ist es erklärlich, daß durch diesen Kurswechsel die Torpedos am Ziel vorbeiliefen.

Mr. Coppock berichtete weiter: *„Nach den Unterlagen ist es klar, daß die „Furious" die Torpedos von „U-431" nicht gesehen hatte und daher keine Abwehrmaßnahmen ergriff."*

Nach Vergleich der Kriegstagebücher war er überzeugt, daß unser Fehlschuß in jenem zufälligen, aber zeitlich genauen Kurswechsel der „Furious" seine Ursache hatte. Wäre der Kurswechsel der „Furious" nur eine oder zwei Minuten später ausgeführt worden, so hätten unsere Torpedos getroffen! Darüber dürfte nach den exakten Unterlagen kein Zweifel bestehen. Welch einen Erfolg hätten wir zu verzeichnen gehabt!

Nach dem Kriegstagebuch des U-Boot-Archivs hatten außer „U-431" mindestens sechs weitere Boote Fühlung am Verband gehabt, und wenigstens drei Boote hatten geschossen, aber kein Boot kam zum Erfolg.

Die Stimmung im Boot war gedrückt. Es wurde aber kaum noch darüber gesprochen. Statt dessen wurden unverzüglich die Torpedos nachgeladen, da die Bewacher des Verbandes keine Maßnahmen gegen uns ergriffen. Erst später waren die Bewacher durch die Anwesenheit unserer Boote aufgescheucht worden, denn es fielen während der nächsten drei Tage serienweise Fliegerbomben.

Am 3. November 1942 sichteten wir auf 6.000 Meter Entfernung ein Flugzeug. Dieses erwischte uns beim Alarmtauchen mit zwei Fliegerbomben, was zu starken Erschütterungen und zum Ausfall der meisten Geräte führte. Jedoch war glücklicherweise kein Wassereinbruch erfolgt, und die meisten Schäden konnten innerhalb von zwei Stunden behoben werden. Einige Geräte blieben dennoch unklar.

Sehr nachteilig war außerdem, daß das Angriffssehrohr abgesoffen war. Wir versuchten zwar während der nächsten Tage, auch diese Schäden zu beheben. Das Sehrohr blieb jedoch unklar, und deshalb liefen wir mit Höchstfahrt nach La Spezia und machten dort am 5. November 1942 um 17.53 Uhr an der Pier fest.

Sofort wurden in La Spezia die Werftarbeiten in Angriff genommen, und gleich am nächsten Tag erfolgte die Proviantübernahme. Dazu ist im U-Boot-Archiv festgehalten: *„Genau wie beim letzten Mal bedeutet die eintägige Liegezeit mit ihrer Arbeitsfülle für die gesamte Besatzung eine starke körperliche Belastung. Die einzelnen Leute können nur törnweise vier Stunden schlafen. Die Haltung und Dienstfreudigkeit der Besatzung ist hierbei ausgezeichnet."*

Die Werftliegezeit dauerte genau 31 Stunden und 19 Minuten, und das nach exakt 64 Seetagen! Die Werftarbeiter verrichteten ihre Arbeit noch bis zur letzten Minute an Bord.

Die zehnte Feindfahrt: Algier

Während des Auslaufens gab es noch Fliegeralarm in La Spezia. Auffallend für uns Funker waren jetzt die vielen Flugzeugsichtmeldungen, meist von italienischer Luftaufklärung, über starke Geleitzüge mit 100 bis 120 Einheiten, gesichert durch Schlachtschiffe, Kreuzer und Zerstörer.

Am 8. November 1942 empfingen wir FT 1404/8/600: *„Bürgel U-205, Guggenberger U-81, Hartman U-77, Deckert U-73, Bauer U-660, Dommes U-431, Schomburg U-561, Thiessenhausen U-331. Mit größtmöglicher Beschleunigung Algier ansteuern! Nach bisherigem Ergebnis Luftaufklärung: ostwärts Algier keine Landungsoperationen. Kein Malta-Geleit. Vor Algier Großlandungen. Französische Gegenwehr. Soweit bekannt, kein Einlaufen im Hafen, daher zahlreiche lohnende Ziele."*

Wir liefen also mit Höchstfahrt nach Westen! Die Stimmung war ernst, und wir waren uns der besonderen Gefahr dieses Unternehmens durchaus bewußt. Unwahrscheinlich war unser Glück gewesen, als wir nach so vielen aufeinanderfolgenden gefährlichen Situationen vor Tobruk wieder heil zurückkehren konnten. So nahmen wir an, daß man uns diesmal noch schwerer zusetzen würde, sobald wir in diese Armada hineinstießen, die sich jetzt auf die nordafrikanische Küste zubewegte.

So fuhren wir diesmal ohne Aufenthalt an Messina, Korsika und Sardinien vorbei, mit äußerster Kraft zur nordafrikanischen Küste. Währenddessen empfingen wir weitere Luftaufklärungen von deutschen und italienischen Fliegern und weitere Anweisungen vom Führer der U-Boote. Ein Funkspruch jagte den anderen.

Am 8. Dezember 1942, um 11.48 Uhr, ging folgender Funkspruch ein: *„An alle Boote: Landung starker Feindkräfte an zahlreichen Punkten, vornehmlich bei Oran und Algier und im Mar. Qu. 8379. Algier anscheinend in Feindeshand, bei Oran starker französischer Widerstand. Von CH 9471 bis CH 9465 zahlreiche Transporter, gedeckt durch Flugzeugträger und Schlachtschiffe. Voller Angriff, das Äußerste wagen!"*

Am nächsten Morgen, bereits um 4.45 Uhr, empfingen wir im Funkmeßbeobachter einen Dauerton, der in der Lautstärke stetig anschwoll. Mit *„Alarm!"* gingen wir sofort auf Tiefe. Nach dem Auftauchen wurden schwere Schäden an den Dieselkupplungen festgestellt. Sogleich tauchten wir wieder, um in sechsstündiger Arbeit die Schäden zu beheben. Nach dem anschließenden erneuten Auftauchen ging es vor zwei Kampfmaschinen sofort wieder auf Tiefe. – Wir befanden uns im Kampfgebiet!

Wieder aufgetaucht, beobachteten wir Angriffe unserer Flugzeuge in südlicher und südwestlicher Richtung. In 210 Grad stürzte eine brennende Maschine ab, und in 185 Grad stieg eine Feuersäule hoch, wahrscheinlich der Ölbrand eines getroffenen Schiffes, während neun zurückkehrende Maschinen an unserem Boot vorbeiflogen.

Leider konnten wir auch bei größter Anstrengung nicht alle Störungen beheben. Um 2.10 Uhr gaben wir Funkspruch FT 0131/10/563 ab: *„Von Dommes: Nach Ausfall Backbord-Dieselkupplung zeigt Steuerbordkupplung ähnliche Erscheinungen. Es besteht Gefahr, daß Boot manövrierunfähig wird. Setze ab nach Norden."*

Um 3.43 Uhr erblickten wir in großer Entfernung sieben Kriegsfahrzeuge, scheinbar handelte es sich um vier Zerstörer und drei Kreuzer. Mit äußerster noch möglicher Kraft erreichten wir eine Höchstfahrt von zehn Seemeilen. Dommes schätzte den Fahrtüberschuß des Verbandes auf fünf Seemeilen. Noch konnten wir zu dem Verband aufschließen!

Trotz starken Meeresleuchtens war unser Boot noch nicht bemerkt worden. Wir drehten scharf ab zum Schuß. Dommes hatte noch Gelegenheit, eine größere Einheit achtern zum Schuß zu wählen. – Als der Fächer lief, schob sich ein zweiter Zerstörer vor das Ziel. Nach 3 Minuten und 25 Sekunden, was einer Entfernung von 3.100 Metern entsprach, flog der Kreuzer in die Luft!

Beim Abdrehen hinter dem Verband sahen wir rechts von der großen Feuer- und Qualmwolke einen zweiten Rauchpilz hochsteigen, dessen Feuersäule mehrere hundert Meter hoch war. Unter der Säule war in einer Entfernung von 500 bis 1.000 Metern von der versenkten Einheit ein auf dem Wasser liegender Schatten zu sehen. Diese Einheit war wahrscheinlich ein Zerstörer. Noch beim Ablaufen wurde unser Boot von einer starken Unterwasserexplosion erschüttert, die von dieser zweiten getroffenen Einheit herrührte. Bestätigt wurde später, daß bei diesem Angriff der britische Zerstörer „Martin" mit 1.920 BRT versenkt wurde.

Im Kriegstagebuch des U-Boot-Archivs gibt Kapitänleutnant Wilhelm Dommes seinen Kommentar zu diesem Angriff: *„Endlich haben wir, trotz unklarem Boot, nach 70 Seetagen und nach dem Mißerfolg beim Angriff auf den „Furious" und den wiederholten Ausfällen und technischen Schwierigkeiten wieder einen Erfolg errungen, der für Besatzung und Kommandant zu diesem Zeitpunkt besonders wertvoll ist."*

Der Rest des Tages wurde genutzt, um weitere Reparaturen auszuführen, da wir ja noch immer nur beschränkt einsatzfähig waren. Besonders die defekte Dieselkupplung behinderte unsere Fahrgeschwindigkeit, und das Sehrohr war dauernd beschlagen. Wir konnten nur noch eine Höchstgeschwindigkeit von sechs Seemeilen erzielen.

Am nächsten Tag, dem 11. November 1942, um 16.54 Uhr, tauchten wir auf zum Manövrieren und Einfahren der Kupplung, die soweit wieder einsatzfähig war. Viele Stunden hatten wir im getauchten Zustand zugebracht, um unser Boot wieder einsatzfähig zu machen. An unseren Funk- und Horchgeräten hatten wir nur einige Teile wie Rundfunkröhren und Kondensatoren auszuwechseln.

Für uns Funker war der Dienst während der letzten fortwährenden mehrstündigen Angriffe der Bewacher sehr anstrengend und aufreibend gewesen. Als ich mich einmal, noch schlaftrunken, am Eingang zum Mannschaftsraum vom Boden erhob, lachten meine Kameraden und erzählten mir, daß ich an jener Stelle völlig übermüdet eingeschlafen war. Sie hatten mich aber liegengelassen, und wenn jemand in den Bugraum ging, war er einfach über mich hinweggestiegen.

Am 12. November 1942 marschierten wir in östlicher Richtung. Es wurde abwechselnd getaucht oder über Wasser gefahren. Das Sehrohr beschlug immer wieder, trotz des laufenden Trockenapparates. Und die Backbordwelle verursachte Geräusche, die eine Schleichfahrt unmöglich machten.

Um 6.12 Uhr sichteten wir ein Geleit von Dampfern und Zerstörern. Ein Zerstörer der „Tribal"-Klasse kam dabei unserem Boot sehr nahe. Der Kommandant entschloß sich, den Zerstörer und den dahinterliegenden Dampfer anzugreifen. – Würde dies bei all den noch vorhandenen Defekten des Bootes alles gutgehen? Jedermann war gespannt auf seinem Posten.

„Torpedowaffe auf Gefechtsstation!"
„Rohr I bis IV klarmachen zum Überwasserschuß!"

Exakt in dem Augenblick, als sich die Back des Zerstörers mit dem Heck des fahrenden Dampfers überlappte, ertönte das Kommando: *„Viererfächer – los!"*

Bei starkem Meeresleuchten konnten wir die Torpedolaufbahnen gut verfolgen. Die Einstellung war exakt gewesen. Nach 70 Sekunden, was einer Entfernung von 900 Metern entspricht, erzielten wir je einen Treffer vorne und hinten auf den Zerstörer, der daraufhin mit einer gewaltigen Explosion in die Luft flog. Sofortiges lautes Heulen und Pfeifen der Sirenen und Dampfpfeifen des Geleitzuges waren die Folge.

Gleich darauf, nach einer Laufzeit von etwa zwei Minuten, stieg nach einer weiteren großen Explosion ein riesiger Ölbrand aus dem dahinterlaufenden großen Tanker empor. Sein Feuerschein breitete sich über den gesamten Sektor aus. Dann hörten wir noch eine vierte Explosion.

In diesem Augenblick kam ein Zerstörer mit Höchstfahrt auf unser Boot zu. Wir standen ja direkt im Feuerschein! – Mit Alarm gingen wir auf 2A (160 Meter) Tiefe, liefen nach Südwest und danach auf West ab. Es glückte: Wir wurden von den Ortungen des Gegners nicht erfaßt und die 21 Wasserbomben des Zerstörers richteten keinen Schaden an!

Um 8.51 Uhr tauchten wir wieder auf und funkten: *„FT 0615/13/505. – Von Dommes – 06:15 Uhr Qu. CH8324 Geleit östlicher Kurs. Ein 'Tribal' versenkt. Ein Tanker brennend, weitere Detonationen gehört. 2 Aale, baldige Werft erforderlich."*

Wer hätte gedacht, daß wir bei dem so gefährlich defekten Zustand unseres Bootes noch zu solch einem Erfolg kommen konnten?

Dazu gab Kapitänleutnant Dommes folgenden Kommentar: „*Nach eingehender Überlegung glaube ich, daß jetzt ein weiterer Verbleib des Bootes im Operationsgebiet nicht mehr zu verantworten ist, zumal die Erfolgsaussichten durch den Zustand des Bootes und die geringe Torpedozahl stark gesunken sind.*"

Wir näherten uns also der Einfahrt der Straße von Messina und spürten augenblicklich, wie alle Last von uns abfiel. Schon eilten unsere Gedanken voraus zur Begrüßung in Messina, zum Empfang in Pola und dann nach Hause in die Arme unserer Lieben.

Bei glatter See und stiller Atmosphäre glitt „U-431" stolz und erhaben durch die Meerenge von Messina. Jeder, der es einrichten konnte, stand auf dem Oberdeck und erfreute sich an der beruhigenden Umgebung.

Langsam fuhren wir an einer Bucht vorbei, in welcher zwei italienische Schlachtschiffe vor Anker lagen. Die Mannschaften standen angetreten auf dem Oberdeck. Auf Kommando schwenkten sie plötzlich ihre Mützen und begrüßten uns mit einem dreifachen „*Eja! Eja! Eja!*".

Als wir in Messina festmachten, war bereits eine Abteilung italienischer Marine auf der Pier zu unserem Empfang angetreten, während wir auf der gegenüberliegenden Seite Aufstellung nahmen. Kapitänleutnant Dommes wurde von dem italienischen kommandierenden Admiral Barone empfangen, worauf beide unsere Front abschritten. In der Mitte des Platzes hielt der Admiral eine Ansprache mit Dolmetscher und Rundfunkübertragung. Die Kundgebung wurde geschlossen mit einem dreifachen „*Sieg Heil!*" auf den Führer und das Deutsche Volk. Wir antworten mit dreimaligem „*Hurrah!*" auf den Kaiser und seine Majestät, den König von Italien, den Duce und die Königliche Marine.

Am Abend feierten wir mit Kameraden der Luftwaffe, mit denen wir uns sehr verbunden fühlten, einen fröhlichen Umtrunk, bis wir die nötige Bettschwere hatten.

Die Werftarbeiter und der zuständige Ingenieur erledigten die notwendigsten Reparaturen an unserem Boot so rasch, daß wir schon um 16.00 Uhr des nächsten Tages unseren Proviant ergänzen und um 17.02 Uhr zum Marsch durch das Adriatische Meer antreten konnten.

Unterwegs empfingen wir folgende Funksprüche:

„*18:03 Uhr. FT. Alle Boote: Kommandanten und Besatzungen der im Mittelmeer eingesetzten U-Boote ausspreche ich meine vollste Anerkennung für zähen und rücksichtslosen Einsatz, wodurch Gegner empfindliche Verluste zugefügt werden konnten. – Von Oberbefehlshaber.*"

„*20:52 Uhr. FT. 1923/21/574. An Dommes – Ihnen und ihrer bewährten Besatzung herzliche Glückwünsche zur Nennung im Wehrmachtsbericht. – FdU.*"

Der Wehrmachtsbericht vom 21. November 1942 lautete nämlich: *„Bei den Kämpfen gegen die feindliche Landungsflotte im Mittelmeer zeichnete sich das Unterseeboot von Kapitänleutnant Dommes besonders aus."*

Am 22. November 1942 machten wir in Pola fest. Nun war es endlich soweit: Die letzte Fahrt war beendet! – Ein unbeschreibliches Gefühl!
Paul Tenholt beschrieb dies in seinen Erinnerungen so:
„Die lange Fahrt war zu Ende gegangen. Eine Fahrt, die für die Besatzung große Aufregungen und seelische Belastungen brachte, die den völligen Einsatz bis zur Erschöpfung von jedem Mann forderte.

Die Gesichter der Männer, die sich nach der offiziellen Begrüßung durch den Stützpunktkommandanten um den Kommandanten von 'U-431' scharten oder sich unter die Kameraden der Stützpunktkompanie mischten, sprachen Bände. Immerhin waren es 80 lange Tage und Nächte, wenn man von den zweimal 24 Stunden Unterbrechung absieht, die 'U-431' draußen war.

Den Turm von 'U-431' schmückte eine Inschrift, die aussagte: „64 Tage Wartegau und 16 Tage zweite Front". Vielleicht begriffen nur wenige der zur Begrüßung Angetretenen, was diese Worte aussagen sollten. Zu ermessen, was hinter dieser Schrift an dramatischen Geschehnissen steckte, blieb denen vorbehalten, die dabei gewesen waren oder auf anderen Booten ähnliches erlebt hatten."

Der Empfang von „U-431" im Hafen von Pola durch die Stützpunktbesatzung war großartig und von umwerfender Kameradschaftlichkeit und Herzlichkeit geprägt. Obwohl unser Boot nach dieser Fahrt zum ersten Mal in Pola festmachte, wurde es begrüßt und aufgenommen, als wäre es schon öfter hier gewesen. Die U-Boot-Fahrer im Mittelmeer waren eben alle eine große Familie!
Am 2. Dezember 1942 wurde unserem Kommandanten, Kapitänleutnant Wilhelm Dommes, das Ritterkreuz zum Eisernen Kreuz verliehen. Danach erhielten weitere Kameraden – unter ihnen auch ich als Funkobergefreiter – das Eiserne Kreuz Erster Klasse. Ja, wir waren alle stolz darauf und fühlten, daß wir die Auszeichnung verdient hatten!

Nach erfolgreicher 10. Feindfahrt
Empfang von „U-431" in Messina am 17. November 1942
(links Kapitänleutnant Dommes, daneben Admiral Barone)

Pola (Werner Schneider links neben Dommes)

Werner Schneider nach erfolgreicher 10. Feindfahrt (Dezember 1942)

Abschied von „U-431"

Zuerst durfte nun eine Hälfte unserer Besatzung ihren wohlverdienten Urlaub antreten, die zweite Hälfte sollte später folgen. Als die Kameraden der ersten Hälfte jedoch bereits abgereist waren, wurden wir überrascht: Unser Oberster Befehlshaber hatte als Anerkennung ein Geschenk, ein „Führerpaket" für uns vorgesehen! Und ausgerechnet ich wurde nun ausersehen, mit zwei weiteren Kameraden von Pola nach München zu fahren, um die Pakete für die bereits abgereisten Kameraden dort aufzugeben.

So fuhren wir denn frohgemut und mit den betreffenden Paketen beladen mit der Bahn nach München. Soweit ging alles gut. Da es aber schon spät am Nachmittag war, gab es einige Schwierigkeiten mit der Rückfahrt.

So rief ich kurzentschlossen bei Tante Dorle an, ob sie uns behilflich sein könnte, für eine Nacht Unterkunft zu finden. Wir sollten nur kommen, sagte sie lachend. Also hatten wir wieder Glück. Zwei Studentinnen waren bei ihr in Logis, und es war genug Platz in ihrem Haus.

Da wir auch einige Lebensmittel im Gepäck hatten, war für eine gute und reichliche Abendmahlzeit gesorgt. Unterwegs hatten uns ein paar liebenswürdige Tirolerinnen köstliche Äpfel geschenkt, wovon Dorle einen schmackhaften Obstsalat zubereitete. Zu meiner Verwunderung gab es keinerlei Abfall, denn sogar die Kerne wurden mitverarbeitet. Sie seien jodhaltig und das brauche der Körper für seine Gesundheit, belehrte sie mich. Mit Musik und ein paar Tanzeinlagen wurde der schöne Abend beendet.

Am nächsten Tag meldeten wir uns freudig bei unseren Vorgesetzten in Pola zurück. War alles gut verlaufen? Nein, von der Flottillenkommandantur gab es einen ordentlichen Anpfiff: Wir hätten bereits am Vortage zurück sein sollen!

Am 5. Dezember 1942 fand dann der endgültige Abschied von unserem Boot statt. Die ersten Urlauber waren zurückgekehrt, und die gesamte Besatzung war in blauer Uniform zum letzten Mal auf dem Deck von „U-431" angetreten. Auf der Brücke übergab Kapitänleutnant Wilhelm Dommes dem neuen Kommandanten, Oberleutnant zur See Dietrich Schöneboom, einem bereits erfahrenen und auf drei Feindfahrten, mit Kapitänleutnant Reschke, bewährten Wachoffizier, unser Boot.

Heimaturlaub

Ende Dezember fuhr ich mit Geschenken und dem zusätzlichen „Führerpaket" bepackt nach Leipzig. Unterwegs erfuhr ich, daß ein großer Bombenangriff auf Leipzig stattgefunden hatte. Abwarten, dachte ich. Noch wollte ich mir keine schweren Gedanken machen.

Spätabends auf dem Hauptbahnhof angekommen, konnte ich bei der zusätzlichen Verdunkelung keine auffälligen Schäden feststellen. Wie immer, fiel beim Verlassen des Bahnhofs mein erster Blick auf das gegenüberliegende „Hotel Astoria" und danach auf die weiteren Gebäude der Blücherstraße. Es war alles noch ganz!

Ich atmete sichtlich auf, als ich auch unser Haus noch unbeschädigt vorfand. Von unserer Nachbarin ließ ich mir die Wohnungsschlüssel geben und erfuhr, daß doch schwere Schäden angerichtet worden waren. In der Diele vor unserer Wohnungstür bemerkte ich ein großes Brandloch. Hier war eine Brandbombe eingeschlagen. Unser etwa 16jähriger Nachbarsjunge hatte die Bombe geistesgegenwärtig aus dem Treppenfenster auf den Hof geworfen, berichtete mir die Nachbarin. Wie er das fertiggebracht hatte, war mir ein Rätsel.

Nun konnte ich mich endlich beruhigt schlafenlegen. Doch plötzlich machte mich ein leises Geräusch wieder wach. Als ich um mich tastete, fühlte ich eine Pfütze nassen Sandes auf meiner Decke. Tatsächlich waren das Dach und meine Zimmerdecke beschädigt. Der Hausmeister ließ es aber gleich am nächsten Tag ausbessern.

Anita hatte ich schon vorab benachrichtigt, so daß ich sie am nächsten Tag vom Bahnhof abholen konnte. Jetzt bei Tageslicht stellte sich Leipzig mir auf einmal ganz anders dar: Die Mauern der Häuser, Geschäfte und Hotels der Blücherstraße waren durchweg beschädigt und die dahinterliegenden Räume zerbombt! Als ich vor dem berühmten „Hotel Astoria" stand, blickte mich die prächtige Fassade genauso an wie stets zuvor. Und dahinter? Ein einziger Trümmerhaufen! Zu meiner weiteren Ernüchterung sah ich dann noch eine Kolonne mit Spaten und anderen Werkzeugen zu Aufräumungsarbeiten marschieren.

Es ließ sich unter diesen Umständen nicht vermeiden, daß das Wiedersehen mit Anita nicht in derselben freudigen Stimmung wie bisher stattfand. Um so inniger war aber unser Beisammensein. Dazu noch diese freudige Überraschung: Am nächsten Tag lag im Briefkasten eine Nachricht von der Reichsbahn an meinen verstorbenen Vater, Karl Schneider: *„Wir teilen Ihnen hiermit mit, daß der Koffer Ihres Sohnes Werner auf der Bahnhofstation in Weiden überzählig lagert."*

Welch ein Zufall! Der Zeitpunkt hätte nicht günstiger ausfallen können. Also schnell zum Bahnhof gelaufen! Er würde sofort telegraphieren und den Koffer hierher überweisen lassen, versicherte mir der Beamte. Morgen früh sollte ich wieder bei ihm vorsprechen. Und so konnte ich am nächsten Morgen meinen Koffer unversehrt und mit einem freundlichen Glückwunsch des Beamten tatsächlich wieder in Empfang nehmen. So waren wir mit der üblichen Lebensmittelzuteilung, meinem „Führerpaket" und dem wiedergewonnenen Kofferinhalt diesmal ausreichend versorgt. Der Fotoapparat, die Toilettenartikel, die geräucherte Wurst und die Fleischwaren waren allesamt gut erhalten, und sogar die Butter konnte noch als Zutat zum Essen Verwendung finden.

Die allgemeine Lage und damit auch die Stimmung in der Bevölkerung unterschied sich diesmal jedoch deutlich von meinen bisherigen Fronturlauben. Enthusiasmus und Zuversicht waren zunehmend einem ernsteren Bewußtsein gewichen und die Selbstverständlichkeit der Pflichterfüllung gegenüber der Gemeinschaft sogar noch gestiegen. Es beeindruckte mich zum Beispiel sehr, als ich sah, wie eine Straßenbahnschaffnerin, in einen dicken Mantel gehüllt und die Füße in Filzstiefeln steckend, an unserer Straßenbahnabzweigung von der Berliner zur Yorckstraße mit einer Eisenstange bewaffnet ausstieg, um damit die Weiche zu stellen. Ich stellte mir vor, wie sie als hübsche junge Frau adrett angezogen im fröhlichen Kreise ihrer Freundinnen und Freunde ein ungetrübtes Beisammensein feierte. Gab es so etwas jetzt noch, fragte ich mich?

Wir selbst hatten nach unserer erfolgreichen Fahrt im Frontgebiet noch siegesbewußt gefeiert. Nun aber wurden wir durch die plötzliche Wende der Kriegsereignisse, durch den totalen Verlust der 6. Armee in Stalingrad und den damit verbundenen Rückschlag an der Ostfront, mit einer völlig neuen Wirklichkeit konfrontiert.

Trotz des so erfolgreichen Einsatzes unserer U-Boote vor Tobruk wurde der weitere Vorstoß unseres Afrikakorps durch die materielle Überlegenheit der Engländer zum Stehen gebracht und Rommel zum Rückmarsch durch die Cyrenaika gezwungen.

Die U-Bootwaffe jedoch hatte mit der „Operation Paukenschlag" an der Ostküste der USA außerordentliche Erfolge errungen und stieß trotz wachsender Gegenwehr sogar zu noch größeren Erfolgen vor. So bestätigte eine Eintragung der „Admiralty Monthly" beispielsweise: *„Niemals kamen die deutschen U-Boote ihrem Ziel, die Verbindung zwischen der Alten und der Neuen Welt zu unterbrechen, so nahe, wie in den ersten zwanzig Tagen des März 1943 ".* Die verbesserten Abwehrmittel des Gegners konnten nämlich nur allmählich zur Wirkung kommen.

Obwohl wir von unseren persönlichen Erfolgen sehr überzeugt waren und ich auch im nächsten Jahr – 1943 – kein Nachlassen unserer Zuversicht feststellen konnte, konnten wir uns letztlich dennoch nicht den auf uns zukommenden Schwierigkeiten der Kriegslage entziehen.

Unsere Urlaubstage waren ja dafür vorgesehen, daß wir uns ordentlich erholen konnten, damit wir danach wieder voll einsatzfähig waren. Die erste Urlaubswoche verbrachte ich deshalb mit Anita allein. Durch den wiedergewonnenen Koffer und das „Führerpaket" waren wir diesmal, wie schon angedeutet, glücklicherweise sehr gutgestellt, was die Verpflegung betraf, und ich konnte mich ausgiebig an Anitas Kochkünsten erfreuen. Danach ging es nach Löwenberg, wo wir von Mutti Hennig nach deren Möglichkeiten mit eigenen Produkten versorgt wurden.

Inzwischen waren Anita und ich uns so nahegekommen und fühlten uns so fest und für ewig verbunden, daß wir am 25. Februar 1943 im Familienkreis eine bescheidene Verlobung feierten. Im nächsten Urlaub sollte dann unsere Hochzeit stattfinden. – Daß wir bei der U-Bootwaffe besonders hohe Verluste hatten, war allgemein bekannt. Ich selbst beschränkte mich beim Schildern meiner Erlebnisse aber immer nur auf relativ Harmloses und vermied es, auf all die so gefährlichen Situationen näher einzugehen, um Anita nicht noch mehr zu ängstigen. Auch ich selbst wollte ja schließlich im Urlaub jene Erlebnisse hinter mir lassen!

Zurück nach Pola und La Spezia

Am 27. Februar 1943 stand schon wieder die Rückfahrt nach Pola an. Auf dem Anhalter Bahnhof in Berlin studierte ich die Karte der Bahnverbindungen. Ich hätte, wie früher nach La Spezia, auch diesmal über München fahren sollen. Aber würde ich über München und Triest nach Pola nicht einen großen Umweg machen? Nach der Karte gab es eine kürzere Bahnstrecke über Prag und Wien nach Villach, von wo es nur noch eine kurze Strecke bis Pola war. Und so stieg ich in den Zug über Prag nach Wien. Unterwegs stiegen auch uniformierte Angehörige anderer Waffengattungen ein und aus, doch ich merkte recht bald, daß ich der einzige in Marineuniform war.

Als es durch die Tschechoslowakei ging, wurde mir von einer Bahnkontrolle mitgeteilt, daß ich innerhalb des tschechischen Gebietes nicht aussteigen dürfe. Unterwegs stiegen einige tschechische junge Männer und Frauen zu und setzten sich mir gegenüber. Sie blickten mich etwas verwundert an, unterhielten sich aber frohgelaunt und packten ihren Proviant aus. Ich staunte sehr, was es da alles Gutes gab – sogar gebratene Hühnerschenkel!

Die mir gegenübersitzende junge Tschechin las in einem deutschen Magazin. Plötzlich lächelte sie mich an und bot mir ein Stück Schokolade an. Ich war nun noch verblüffter als zuvor, zögerte aber nicht und nahm die Schokolade dankend an. Sie lächelte nochmals zurück und dabei blieb es. Niemand nahm weiterhin irgendeine Notiz von mir. Mich aber hatte dieses kleine Kriegserlebnis sehr zum Nachdenken angeregt.

Meine Fahrt wurde verzögert, weil ich in Wien umsteigen mußte. In Bruck an der Mur saß ich nochmals für einige Zeit fest, und als ich endlich in Villach angekommen war, war es für einen weiteren Anschluß schon zu spät. Ich übernachtete in einem Hotel im eiskalten Schlafzimmer. Völlig durchfroren schaffte ich am nächsten Tag endlich die letzte Etappe bis Pola: Einen Tag zu spät!

In Pola waren inzwischen die letzten Kameraden abkommandiert worden. Um die letzten Regelungen zu treffen, waren der Leitende Ingenieur, Oberleutnant Ing. Brocksdorf und Leutnant Weidner noch anwesend.

„Mensch, Schneider, grinsen Sie nicht! Wir sollen Sie wegen Urlaubsüberschreitung bestrafen!" Auf Anordnung des Flottillenchefs natürlich.

Beide liefen etwas aufgeregt umher und berieten, was zu tun wäre. Schließlich waren wir ja eine zusammengeschweißte Kameradschaft. Dann blickte Weidner mich etwas unsicher an: *„Also, wir müssen Sie mit drei Tagen gelindem Arrest bestrafen."*

Nun, das war die mildeste Strafe, die ich erwarten konnte. Daß ich versehentlich Verspätung hatte, spielte keine Rolle. Früher, während der Ausbildungszeit, hätte mich so eine Bestrafung sehr geärgert. Doch diesmal war es mir egal. Ich sollte hier bis zur Abkommandierung zum Funkmaatenlehrgang Dienst tun. Man wußte nicht, wie man mich hier einsetzen sollte, und die folgende Behandlung empfand ich als zurücksetzend.

Kurzentschlossen schrieb ich einen Brief an meinen letzten Kommandanten, den zum Korvettenkapitän beförderten Wilhelm Dommes, und schilderte meine Lage. Und siehe da: Alte U-Bootskameradschaft! – Bereits nach drei Tagen war der Befehl zu meiner Abkommandierung nach La Spezia eingetroffen. Ich wußte sofort, wem ich dafür Dank schuldete: In La Spezia waren noch Funkmaat Hüsken und einige andere Kameraden, die ich kannte.

Unverzüglich wurde gepackt und los ging die Fahrt nach La Spezia, zusammen mit einem Bootsmaat, der Dienstpost zu überbringen hatte.

In Venedig mußten wir Station machen und übernachteten in einem Hotel. Für den Besitzer waren wir in unseren Marineuniformen etwas völlig Neues, und er ließ sich sogleich mit mir sehr interessiert auf ein Gespräch ein: *"Jawohl, Deutschland muß ein Loch nach dem Süden haben!"* Er sprach deutsch mit österreichischem Akzent. Seine Tochter musterte mich und bemerkte, meine Uniform sähe wie eine Spielzeuguniform aus.

Als wir wieder in den Zug stiegen, kam ein deutscher Posten der Bahnhofswache auf uns zu und sagte, wir dürften nicht zweiter Klasse fahren. Wir bestanden jedoch darauf, da wir wichtige Papiere zu überbringen hätten und ließen ihn unsere Personalien aufnehmen. Reine Schikane! – Der wachhabende Offizier in La Spezia lachte später herzlich darüber.

Das Wiedersehen mit meinen Kameraden wurde mit großem Hallo gefeiert. Mit den Kameraden eines Bootes konnte ich zunächst einmal einen Wochenendurlaub in Mailand verbringen. Zwei Tage und Nächte waren wir bei einer Familie namens Sinn zu Gast. Die Frau betreute uns sehr freundlich und aufmerksam. Ihren Mann, der geschäftlich unterwegs war, bekamen wir hingegen gar nicht zu sehen. Die Zeit reichte zu einem ausgiebigen Besuch des Mailänder Doms und für einen Kegelabend bei einer deutschen Vereinigung in Mailand. In jenen Tagen war Turin durch einen alliierten Bombenangriff schwer beschädigt worden, was die nächsten Tage für einigen Gesprächsstoff bei der Bevölkerung sorgte.

Ziemlich überrascht waren wir, als wir bei der Rückreise auf dem Mailänder Bahnhof auf das Herzlichste vom Bahnhofsvorsteher begrüßt wurden. Er war wohl gut mit der Familie Sinn bekannt. In dem vollbesetzten Zug führte er uns in ein Abteil, in dem zwei Fensterplätze mit dem Hinweisschild *"Riservato per Sommergibilisti Tedesco"* (Reserviert für deutsche U-Boot-Fahrer) freigehalten waren. Wir waren wirklich sehr überrascht! Natürlich erregten wir einiges Aufsehen, als wir einstiegen. Die Atmosphäre war sehr höflich und gelegentlich unterhielten sich die Fahrgäste über den Bombenangriff auf Turin.

Die folgende Zeit bis zur Abkommandierung war hauptsächlich mit sportlicher Betätigung ausgefüllt. Auch der Geist durfte nicht einschlafen, und so beschäftigte ich mich diesmal, angeregt durch meine „Kosmos"-Lektüre, mit Max Plancks Quantentheorie und Einsteins Relativitätstheorie, die mich beide sehr zum Nachdenken brachten. Ich mußte mich hier offenbar mit einigen Widersprüchen auseinandersetzen.

Ende März war dann der Zeitpunkt gekommen, von dem ab ich nicht mehr mit dem U-Boot, sondern mit der Eisenbahn fahren sollte. Am 28. Mai 1943 war ich bereits wieder in Leipzig eingetroffen. Von meiner Mutter hatte ich Nachricht bekommen, daß sie nach Martinique in Frankreich versetzt worden war. Meiner Erinnerung nach hatte ich nur zwei Tage Aufenthalt in Leipzig.

Funkmaatenlehrgang auf der MNS Mürwik

Am 1. Juni 1943 meldete ich mich in Flensburg-Mürwik zum Funkmaatenlehrgang. Von Anfang an war ich wieder völlig begeistert, Neues zu lernen – ganz wie damals 1940 auf der MNS Aurich! Doch diesmal waren wir alle Kameraden mit Fronterfahrung, und darunter auch einige U-Boot-Fahrer.

Der Unterrichtsstoff bestand wieder aus Geben und Hören von Morsezeichen. Im Geben schaffte ich es bis Tempo 100, was noch als „gut" gewertet wurde. Im Hören kam ich dagegen sogar bis auf Tempo 120, das Höchste, was zu erreichen war. Nur bezüglich der Handhabung und Regeln im Funkverkehr hatte ich noch vieles nachzuholen. Das lag daran, daß ich während der ganzen Zeit auf dem U-Boot nie etwas damit zu tun gehabt hatte. Kameraden, die auf Landfunkstellen Dienst taten, waren hingegen laufend damit beschäftigt und hatten Übung darin. Auf dem U-Boot aber gab es keinen normalen Funkverkehr. Bei uns kam es darauf an, daß wir schnell und sicher waren im Nehmen und Senden von Funksprüchen, im Entschlüsseln, Geben und Empfangen von Peilzeichen, und besondere Verläßlichkeit war vor allem im Unterwasserhorchen nötig. Zum körperlichen Ausgleich gab es noch Geländeübungen, auch mit MG und etwas Sport.

Einige Wochenendurlaube wurden ebenfalls gewährt. Wiederholt erhielt ich eine Einladung von einer Familie in Buckhagen an der Schlei, wo ich deren vorzügliche Gastfreundschaft genießen durfte. Auf der Rückreise wurde oft bei „Onkel Franz", einer Gastwirtschaft, haltgemacht.

Ob wir mal etwas ohne Marken kriegen könnten, fragten wir ihn.

„*Na schön*", meinte Onkel Franz, „*ihr kriegt das, aber die da drüben*", er zeigte auf einen Tisch, an dem Fähnriche saßen, „*die kriegen das nicht!*" Er war offenbar „klassebewußt" und wollte seine Verbundenheit mit den unteren Dienstgraden ausdrücken.

Ich kann die Ausbildungszeit auf der MNS Mürwik als vorbildlich und erfolgreich bezeichnen. Als Lehrkräfte hatte man uns Funkmaate zugeteilt, die ehrgeizig waren und selbst nach weiterer Beförderung strebten. Der Ton war kameradschaftlich, auch wenn wir uns offiziell mit „Sie" anreden mußten. Dies fiel aber in dem Augenblick weg, als wir unsere Prüfung bestanden hatten und uns die goldenen Litzen und den Anker mit dem Blitz an die Uniform heften konnten.

Natürlich blickte ich jetzt zufrieden auf all das, was ich bisher mit viel Glück überstanden und erreicht hatte! Doch was würde die Zukunft bringen? Ich hatte zunächst keine Absichten für ein bestimmtes Kommando. Deshalb beantragte ich zunächst einmal einen Kurzurlaub zu meiner Verlobten nach Güstrow in Mecklenburg.

Auf der verhältnismäßig ruhigen Bahnfahrt – im Gegensatz zu dem bisher stets erlebten Gedränge – traf ich unterwegs beim Umsteigen unseren ehemaligen Obersteuermann bzw. jetzigen Leutnant zur See, Weidner. Es war eine freudige Begrüßung.

Weidner sollte gerade eines der neuen U-Boote erhalten. Er hatte ebenso wie ich während zehn Feindfahrten mit Korvettenkapitän Dommes viele wertvolle Erfahrungen gesammelt. Natürlich wollte er mich auf sein Boot nehmen, und ich war dazu auch gerne bereit. Unsere Verbindung brach aber leider, wahrscheinlich wegen meiner aufeinanderfolgenden Kommandierungen, schon bald wieder ab.

Endlich aber konnte ich Anita wieder in meine Arme schließen. Der Wirt ihres Hotels in Güstrow gab uns ein Doppelzimmer für zwei Übernachtungen, und alles war zu unserer Zufriedenheit geregelt. Immer wieder fühlten wir beide, wie sehr wir zusammengehörten und daß uns nichts mehr trennen konnte. Nur zwei Tage und zwei Nächte hatte uns das Schicksal wieder einmal gegönnt!

In Neustadt lag noch nichts für meine Weiterverwendung vor.

Wie war das eigentlich mit Krummhübel? Ich hatte wiederholt gehört, daß es dort im Riesengebirge ein schönes Erholungsheim für U-Boot-Fahrer geben sollte.

„Selbstverständlich werde ich einen zweiwöchigen Aufenthalt für Sie beantragen", meinte der Arzt nach einer kurzen Untersuchung. Ich mußte auch hier wieder nur den Mund aufmachen, und sogleich war mein Wunsch erfüllt. Eine lange und abwechslungsreiche Bahnfahrt brachte mich daraufhin in Rübezahls Riesengebirge.

„Ich bin Kapitän", belehrte mich sogleich der Verwalter des Heims, nachdem ich mich vorgestellt hatte. – Sollte ich das gewußt haben? Er war ja in Zivil!

Eine nette junge Frau, wahrscheinlich seine Tochter, erklärte mir die Hausordnung und wies mich darauf hin, daß die Mahlzeiten pünktlich eingehalten werden müßten. Als ich einen Tagesausflug machen wollte und um Verpflegung zum Mitnehmen bat, erwiderte sie, das könne sie seit einiger Zeit nicht mehr tun. – Mir war's egal! Ich genoß jeden Tag mit Wandern und Schwimmen. Jeden Morgen sprang ich als einziger ins Wasser und zog meine Bahnen.

Mit noch einem weiteren Leutnant waren wir die einzigen Jüngeren in diesem Heim. Ich hatte eigentlich mehr aktive U-Boot-Fahrer hier erwartet.

Eines Morgens saß ich allein an einem Tisch und las in einer Zeitung, die vor mir lag. Ein älteres Ehepaar kam herein, und die Frau steuerte geradewegs auf meinen Tisch zu.

„Kann ich meine Zeitung wiederhaben?" fragte sie in nicht gerade freundlichem Ton.

„Bitteschön", sagte ich.

Eigentlich hatte man mir früher nur Gutes von dem U-Boot-Erholungsheim erzählt. Jedoch solche Nebensächlichkeiten störten mich nicht. Ich genoß die zwei Wochen hier vollauf zur Gesunderhaltung.

Nach Neustadt zurückgekehrt, lag bereits meine Kommandierung zum Funkmeßbeobachtungslehrgang in Ostende (Belgien) vor. Die darauffolgende Station war Le Toquet in Frankreich zum Funkmeßortungslehrgang. Beides waren allgemeine Kurzlehrgänge, die aber auf dem U-Boot selbst keine Anwendung fanden. – Sollte ich auf eine derartige Station versetzt werden?

Bei Ostende lag unsere Station inmitten der Befestigungen des Atlantikwalls. Hier benutzte ich wieder die Gelegenheit zum Schwimmen, wurde aber gewarnt, daß gelegentlich englische Jäger den Strand mit Maschinengewehren beschossen.

Interessant war, daß wir Einzelheiten auf der gegenüberliegenden Küste auf dem Bildschirm beobachten konnten. Die Funkmeßbeobachtung befaßte sich mit dem Feststellen von Objekten in Bezug auf Richtung und Entfernung, was also in der Wirkung unserem S-Gerät (Unterwasserschallgerät) entsprach.

In Le Toquet wurden wir eines Tages durch ein plötzliches lautes Knallen eines MG hoch über uns überrascht. Wir stiegen schnell auf das Dach des Hotels und konnten gerade noch sehen, wie eine Messerschmitt abstürzte. Kurz darauf jedoch kam eine zweite Messerschmitt angejagt, die bald danach wieder zurückkehrte. Als wir ihr zuwinkten, wackelte sie mit den Flügeln als Zeichen, daß sie den Engländer abgeschossen hatte.

Mit diesen beiden Lehrgängen hatte ich wieder Anschluß in der Ausbildung gefunden. – Wo würde ich jetzt eingesetzt werden?

„U-410" – Neues Boot, neues Glück?

Ein Jahr und acht Monate war ich von der Baubelehrung bis zum Ende der zehnten Feindfahrt mit Wilhelm Dommes auf „U-431" verbunden gewesen. Durch ständige Zu- und Abkommandierungen konnten nur wenige Kameraden eine so lange ununterbrochene Zeitspanne nachweisen.

„Maat Schneider, Sie haben doch viel Erfahrung im Mittelmeer gesammelt! Würden Sie wieder im Mittelmeer aufs Boot gehen?"

Donnerwetter, dachte ich, nimmt man jetzt solche Rücksicht auf dich? Ich sagte sofort zu, hatte ich doch inzwischen selbst gemerkt, daß dieses Herumgammeln an Land nicht das richtige für mich war, während meine Kameraden im Einsatz das letzte hergaben!

So stapfte ich am 5. Januar 1944 mit Koffer und Seesack bepackt die Hauptstraße der Hafenstadt Toulon entlang. Wieder einmal wollte es der Zufall, daß ich auf der Straße von zwei Autos überholt wurde und es zum Blickkontakt mit einem der Insassen kam: Es war Admiral Dönitz! Aber ehe ich grüßen konnte, war er schon vorbeigefahren. Es wäre mit dem Gepäck ohnehin schwierig gewesen. Ich hatte ihn später leider nicht mehr gesehen, da er nur zu einer kurzen Besichtigung anwesend war.

Nach der Anmeldung wurde ich in einem größeren, zweistöckigen Wohngebäude untergebracht. In kurzer Entfernung, gleich an der Pier, stand ein massiver Luftschutzbunker. Ein kleiner Einmannbunker für den Wachposten stand am Eingang zum Stützpunkt. Der tägliche Verkehr am Stützpunkt wurde kaum kontrolliert, was mich etwas verwunderte.

Zu meiner Überraschung traf ich hier Funkmaat Karl-Heinz Hüsken und den Funkobergefreiten Paul Tenholt wieder, was natürlich entsprechend gefeiert wurde. Meinen Dienst tat ich hauptsächlich im Prüffeld, um mich mit den neuesten Geräten vertraut zu machen.

Bald darauf wurde ich dem Boot „U-410", Oberleutnant Arno Fenski, zugeteilt. Als ich dem Kommandant vorgestellt wurde, gefiel mir sogleich seine ruhige, zurückhaltende Art. Er war bereits ein erfolgreicher Kommandant, und er schätzte sehr, wie er mir sagte, daß ich schon so viel Erfahrung hier im Mittelmeer gesammelt hätte.

Meine neuen Kameraden unternahmen abends gerne kleinere Feiern an Land, an denen ich mich allerdings nicht beteiligte. Dafür wurde ich zwar gelegentlich gehänselt, doch das legte sich bald und hatte auch nie den geringsten Einfluß auf unsere Kameradschaft. Im Gegenteil: Das Zusammengehörigkeitsgefühl war bei dieser Besatzung besonders stark ausgeprägt.

Schade war, daß ich meinen Kameraden, den Funkobergefreiten Paul Tenholt, der gern bei mir eingestiegen wäre, nicht übernehmen konnte. Statt dessen übernahm ich den Funkgasten meines Vorgängers, den Funkobergefreiten Walter Blum, mit dem mich bald eine gute Kameradschaft verband.

Seit meiner Fahrt auf „U-431" war nun ein ganzes Jahr vergangen, währenddessen sich das gesamte Erscheinungsbild unseres Volkes aufgrund der einschneidend veränderten Kriegslage fühlbar gewandelt hatte.

Das Jahr 1943 hatte der U-Bootwaffe bisher unerreichte Erfolge beschert. Gleichzeitig machten sich aber auch die immer besseren Abwehrmaßnahmen unserer Gegner bemerkbar, was zu stetig steigenden Verlusten unserer U-Boote führte.

Das Afrikakorps hatte mangels Nachschub bis zur Erschöpfung gekämpft und war schließlich dem Gegner unterlegen. Die Alliierten waren in Sizilien und Süditalien gelandet, wodurch dann unsere italienischen U-Boot-Stützpunkte verlorengingen und Toulon unser Einsatzhafen wurde.

Nach dem Fall von Stalingrad war an der Ostfront in dem Gebiet des Kursker Bogen die größte Panzerschlacht aller Zeiten entbrannt, die uns jedoch keinen Erfolg mehr brachte und unsere Truppen zu heroischem Rückzug zwang.

Gleich nach meiner Anmeldung bei Oberleutnant Fenski ging ich an Bord und überprüfte alle Geräte, mit denen ich vertraut sein mußte. Schnell hatte ich mich eingewöhnt und fühlte mich sicher. Zur Entspannung ging ich abends ins Deutsche Kino und erfreute mich an dem Film „Die heimliche Gräfin".

Die nächsten Tage an Bord waren mit Übungsfahrten ausgefüllt. Als wir eines Tages außerhalb des Hafens zu Übungszwecken mit unseren Flakgeschützen losballerten, wurde in Toulon Fliegeralarm gegeben.

Die freie Zeit nutzte ich zu Ausflügen in die Umgebung, wozu sich mir dann auch regelmäßig ein paar Kameraden anschlossen. Auch mit unserem Ersten Wachoffizier, Leutnant zur See Müller, gingen wir gelegentlich zum Abendessen in ein gutes Restaurant. Das Erstaunliche war, daß man hier im besetzten Gebiet die köstlichsten Mahlzeiten vorgesetzt bekam.

Zur weiteren Abwechslung sah ich mir den französischen Film „L'homme de Londres" an. Und anläßlich eines Konzerts der „Berliner Tonkünstler" in Toulon bestand Fenski darauf, daß die gesamte Besatzung die Vorstellung besuchte.

Elfte Feindfahrt: Versenkung des Kreuzers „Penelope"

Die Werftliegezeit dauerte vom 4. Januar bis zum 3. Februar 1944 und war ausgefüllt mit letzten Vorbereitungen zur Einsatzbereitschaft aller Geräte und mit Übungsfahrten. Am 3. Februar 1944 waren alle Vorbereitungen gründlich abgeschlossen. Ohne besonderes Zeremoniell wurde von der Flottille und anderen U-Boot-Kameraden Abschied genommen.

Am 4. Februar 1944 passierten wir die Sperre und tauchten sogleich zum Unterwassermarsch in das uns zugewiesene Operationsgebiet. Ich hatte mich sofort wieder eingewöhnt. Alle Handgriffe waren dieselben wie bei den früheren Fahrten. Auch die Atmosphäre im Boot war wie vor einem Jahr.

Der besondere „Mittelmeercharakter" beim Auslaufen ermahnte uns zu erhöhter Aufmerksamkeit, denn bereits am ersten Tage unseres Unterwassermarsches orteten wir zahlreiche Geräusche von Zerstörern und Dampfern und zählten die Explosionen von 107 Wasser- und Fliegerbomben, die zum Teil auch näher am Boot fielen.

Am 7. Februar 1944 wurden wir durch Funkspruch zu sofortiger Bereitschaft an unseren Funkgeräten aufgefordert: *„FT 25597/57: Ab sofort neue Landungsunternehmen zu erwarten. Schnelle Nachrichtengebung der Boote für Ansatz Abwehrstreitkräfte entscheidend. Nordwestlinie von Qu. CJ 8117 nach CJ 5337. Beim Sichten von Verbänden, die Landungsabsichten vermuten lassen, durch Kurzsignal 'Geleitzug Quadratangabe' (Kurzsignalheft Seite 13) melden! Befehl: Kurzsignal stets vorbereitet haben und Meldung schnellstens absetzen! Sobald irgend möglich, Einzelheiten über Verband melden! Auf Wichtigkeit schnellster Nachrichtenabgabe wird ausdrücklich hingewiesen. – FdU Mittelmeer."*

Das hieß für uns Funker, Schlüsselsignalheft, Schlüssel-M und Kurzwellensender mußten augenblicklich eingesetzt werden können. Dies war für mich nichts Neues.

Wir stießen weiter vor ins befohlene Operationsgebiet östlich Sardiniens und fuhren dabei abwechselnd auf- und untergetaucht. Die Horchverhältnisse waren hier sehr gut. Laufend hatten wir entfernte Horchpeilungen und konnten nach dem Auftauchen selten weiter ab ein paar Mastspitzen sehen.

Am 12. Februar 1944 befanden wir uns im Seegebiet vor Nettuno, dem Hauptkampfplatz, nachdem die Amerikaner dort gelandet waren. Wieder erhielten wir vom Führer der U-Boote längere Funksprüche, die uns über Einzelheiten der Landungsoperationen unterrichteten. Wiederholte Horchpeil- und Sichtmeldungen führten zu Alarmtauchen, aber noch hatten wir keine Gefechtsberührung.

Endlich, am 15. Februar 1944, kam ein Einzelfahrer in Sicht.
„Auf Gefechtsstation!"
15.22 Uhr: Fertig zum Einzelschuß aus Rohr IV.
„Rohr IV: Los!" – Fehlschuß! Unser Torpedo war wahrscheinlich achtern vorbeigelaufen.
Dann hatten wir eine Erhöhung der Fahrtstufe am Horchgerät gehört.
„Rohr II fertig zum Schuß!"
„Rohr II: Los!" – Nach 2 Minuten und 51 Sekunden Treffer achtern! Der Dampfer stoppte, blies Dampf ab und sackte ab. Die Besatzung konnte sich noch in Booten retten. Ein Flugboot kam und umkreiste den Dampfer, der inzwischen bis auf eine achtern stehende Kanone abgesoffen war. Das Krachen und Bersten der Sinkgeräusche war im ganzen Boot zu hören.

Just durch diese Geräusche hatten wir einen Zerstörer erst sehr spät bemerkt, der jetzt anlief und uns mit drei Wasserbomben mit drei verschiedenen Tiefeneinstellungen eindeckte! – Das verfehlte seine Wirkung nicht: Mit einem starken dumpfen Stoß über der Entlüftung und dem Regelbunker erlitten wir beim Tauchen Wassereinbruch in die Zentrale.

Ohne Rücksicht auf Eigengeräusche lenzten wir drei Tonnen Wasser. Unter lautem Zischen schlug das Sicherheitsventil durch und blies Wasser in die Zentrale. Das steigende Bilgewasser wurde weiter mit Hilfs- und Hauptlenzpumpe außenbords gedrückt. Die Batterien waren aber durch diese Manöver bald so weit verbraucht, daß wir auftauchen mußten. Rohr IV hielten wir dabei klar zum Schuß, doch oben war alles ruhig. Die Schäden konnten bald behoben werden, so daß wir wieder gefechtsklar waren.

Am 17. Februar 1944 liefen wir auf ein Kriegsschiff zu. Fenski entschloß sich sofort zum Schuß. Gerade als der Aal auf 4.000 Meter Entfernung abgeschossen war, hörte ich am Horchgerät, wie der Gegner die Fahrtstufe erhöhte und achtern vorbeilief. Danach ertönten nach 12 Minuten und 38 Sekunden eine sehr starke Detonation und laut krachende Sinkgeräusche.

Eine Stunde danach kam ein 600-Tonnen-Bewacher in Sicht. Wir waren sofort gefechtsklar. Entfernung war 1.600 Meter.

Schuß aus Rohr I. – *„Rohrläufer",* meldete die Torpedowaffe.

Fenski befahl Minenausstoß, wodurch der Torpedo ausgestoßen wird. Der Torpedo sprang aber nicht an! Dafür ließ sich durch den Stoß das Boot nicht mehr halten und stieg raus. Der Bewacher war in 1.800 Metern Entfernung, so daß wir wieder sofort mit AK tauchen mußten. Der Bewacher hatte uns nicht gesehen. Wieder mal Glück gehabt!

Danach konnte ich unsere ersten Erfolge durch den Äther tasten: *„FT: An FdU von Fenski. Regelbunker Steuerbord I auf 2A + 20 vermutlich aufgerissen. 17.2. Zerstörer versenkt."*

Nachdem wir alle Schäden wieder behoben hatten und die Mahlzeiten wieder mit etwas mehr Ruhe genossen werden konnten, fuhren wir in der Nacht vom 17. auf den 18. Februar 1944 ins Seegebiet von Ischia und Palmarola.

Ein Lazarettschiff, von Bewachern begleitet, galt es auszumanövrieren. Bei größter Wachsamkeit gelang es Fenski, den Bewachungsgürtel weiterer Seestreitkräfte bei langsamer Fahrt über Wasser zu durchbrechen, so daß der Gegner, falls er uns orten sollte, dies nicht von eigenen Ortungen unterscheiden konnte. Der Trick funktionierte!

6.26 Uhr: Es wurde langsam hell, so daß wir es vorzogen zu tauchen. Da sah Fenski auf Sehrohrtiefe ein Landungsboot, konnte sich aber nicht zum Angriff entschließen. Zu stark war die Hoffnung auf noch größere Beute! Und tatsächlich: Plötzlich erkannte er die Mastspitze eines Zerstörers, der schnell näherkam. Nach der Erfahrung vom Vortage hatten wir jedoch zu Rohr I kein Vertrauen mehr. Und Rohr III war ausgebaut. Also machten wir Rohr IV klar zum Schuß.

Der Zerstörer zackte bei 4.000 Metern Entfernung. Als er uns seine Breitseite darbot, war er uns sicher. Wir waren jetzt auf 400 Meter heran.

6.58 Uhr, 53 Sekunden: *„Rohr IV klar zum Einzelschuß!"*

„Rohr IV: Los!" – Nach 50 Sekunden Treffer achtern!

Der Gegner war inzwischen als Kreuzer der „Aurora"-Klasse erkannt. Er blies Dampf ab und sank tiefer. Rettungsmaßnahmen für die Besatzung waren nicht zu erkennen.

Fenski entschloß sich um 7.12 Uhr zum Fangschuß. Doch was war das? Wieder der gleiche Abfeuerungsversager wie gestern! Der Torpedo rührte sich nicht! Das Rohr wurde entwässert und der Kreisel angehalten.

7.16 Uhr: Fangschuß aus Rohr II. Der Gegner zackte noch weg bei einer Entfernung von 640 Metern, erhielt nach 55 Sekunden jedoch endlich einen Treffer in der Mitte! Der Kreuzer kenterte und sank über Achtersteven innerhalb von zwei Minuten. Wir aber liefen sofort nach Südwesten ab und sahen dabei noch zwei Landungsboote zur Untergangsstelle fahren. – Hatten wir diesmal beinahe zu viel gewagt?

Von uns Funkern wurde wieder voller Einsatz gefordert. Wir operierten in unterschiedlich flachen Gewässern im Hafen von Nettuno. Laufend mußten dem Kommandanten Tiefenlotungen und sich nähernde Turbinengeräusche von Zerstörern aus verschiedenen Richtungen gemeldet werden. Torpedowaffe, seemännisches Personal, E-Maschine und Dieselmaschine hatten in präziser Übereinstimmung handeln müssen, sonst wären die letzten Erfolge nie zu erringen gewesen. Und nicht zuletzt waren natürlich auch Fenskis Einsatzbereitschaft und Umsicht entscheidend gewesen. Unseren hart kämpfenden Truppen im Hafengebiet von Nettuno hatten wir mit unserem Einsatz jedenfalls spürbar Entlastung gebracht.

Wie bedeutend unser Erfolg tatsächlich war, erfuhren wir allerdings erst später, nach unserer Gefangennahme: „Penelope" war ein 5.270-BRT-Kreuzer der „Aurora"-Klasse mit 450 Mann Besatzung. Er hatte eine Bestückung mit sechs 6-Zoll-Kanonen, acht 4-Zoll-Flakgeschützen, sechs Torpedorohren und einem Flugzeug mit Katapult. Die Baukosten hatten 1.290.787 Dollar betragen. Dieser Kreuzer war eines der bekanntesten britischen Kriegsschiffe gewesen. Im Mai 1942 war er der Hauptangriffspunkt für die deutsche Luftwaffe bei Malta gewesen und hatte dabei über 2.000 Löcher durch Splitterbomben erhalten, was ihm den Spitznamen „HMS Pepperpot" (HMS Pfefferstreuer) eingetragen hatte. Vor Gibraltar wehrte er sechs weitere Luftangriffe ab und erreichte anschließend beinahe ohne Munition die USA, um nach erfolgter Reparatur wieder ins Mittelmeer zurückzukehren.

In der folgenden Nacht operierten wir bei abwechselnder Über- und Unterwasserfahrt im Seegebiet zwischen den Inseln Ischia und Palmerola. Bei diesigen Sichtverhältnissen sichteten wir um 23.07 Uhr plötzlich einen Zerstörer steuerbord querab in 1.500 Metern Entfernung.
Um 23.10 Uhr schossen wir einen Torpedo aus Rohr V. Die Entfernung hatte sich auf 2.000 Meter erhöht, und der Zerstörer zeigte sich erst mit breiter, dann mit spitzer Silhouette. Die Entfernung wurde immer größer, so daß der Zerstörer nach etwa zehn Minuten außer Sichtweite kam. Nach 15 Minuten hörten wir dann eine laute Detonation. Weitere fünf Minuten darauf kamen rechts von der Schußstelle zwei Schatten in Sicht, die miteinander in Morsekontakt traten.

Noch befanden wir uns innerhalb des Sicherungsgürtels, als am 23. Februar 1944 in der Morgendämmerung ein 3.000-BRT-LST in Sicht kam. Kurzentschlossen staffelten wir auf Schußweite heran.
Entfernung 500 Meter: *„Rohr II klar zum Schuß!"*
1.57 Uhr, 46 Sekunden: *„Rohr II: Los!"* – Der Gegner erhielt einen Treffer vorne und stoppte. Außer einer hohen Sprengsäule keine Wirkung!
2.21 Uhr, 21 Sekunden: Fangschuß aus Rohr IV. – Nach 55 Sekunden ein Treffer in der Mitte! Eine 150 Meter hohe grelle rote Stichflamme erschien über die gesamte Schiffslänge. Es gab eine laute Detonation, wahrscheinlich bestand die Ladung aus Benzinfässern.

Wir verließen nun die Hafengebiete und setzten uns nach der See zu ab. Wohlverdiente Ruhe breitete sich nach diesen unter größter Anspannung errungenen Erfolgen aus. Ich hatte Wache am Kurzwellensender und Empfänger und konnte folgenden Funkspruch an den FdU senden: *„FT Ausgang 0317/20/583. Von Fenski: 23:00 Uhr Mar. Qu. 5951 Zaunkönig auf Zerstörer, sehr laute Detonation, nach 13 Min. 22 Sek. 02:00 Uhr Qu.5934, L.S.T. 3.000 BRT voll Brennstoff vernichtet. Kurs Nettuno. 1 plus 1."*

Um 4.00 Uhr morgens tauchten wir wieder und blieben bis 19.00 Uhr unter Wasser. Bei ruhiger Unterwasserfahrt konnten wir ausschlafen, und auch das Wachegehen war nicht anstrengend.

Immer noch gab es zahlreiche entfernte Ortungen. Dann plötzlich zwei Flugzeugangriffe mit Scheinwerfern, ohne daß wir geortet worden waren! Sofort wehrten wir mit dem MG ab. Hierauf drehte das Flugzeug nach den ersten Feuerstößen ab und warf ein schwimmendes Flakfeuer ab. Beim zweiten Anflug schoß der Gegner dann einen weißroten Doppelstern. Mit äußerster Kraft drehten wir sogleich von der markierten Stelle ab und tauchten mit Alarm.

Nach dem Auftauchen konnten wir den Schatten eines Kriegsschiffes ausmachen, mußten beim Tauchen aber feststellen, daß die Geschwindigkeit des Schiffes zu groß war.

Noch einmal bot sich uns am 24. Februar 1944 eine Gelegenheit zum Angriff auf ein LST. In der Morgendämmerung, um 5.42 Uhr, schossen wir unseren vorletzten Aal aus einer Entfernung von 1.000 Metern. Leider hatten wir uns aber verschätzt – Fehlschuß! Da wir nun nur noch einen einzigen Torpedo hatten, erhielten wir vom Führer der U-Boote den Befehl zur Rückkehr.

Am 28. Februar 1944 passierten wir die Hafensperre von Toulon und wurden an der Pier mit einem herzlichen Empfang und mit Musikkappelle willkommen geheißen. Offiziere und Mannschaften waren an der Pier angetreten, wo wir vom Führer der U-Boote, Korvettenkapitän Hartmann, begrüßt wurden.

Um 16.00 Uhr traten wir zur Musterung und zum Empfang des Eisernen Kreuzes für die dafür vorgeschlagenen Kameraden an.

Wieder losgelöst von den letzten Beschwernissen, fanden wir uns abends um 20.00 Uhr zu einer fröhlichen Bootsfeier zusammen, bis wir die nötige Bettschwere hatten und in einen tiefen, wohlverdienten Schlaf versanken.

Bombenangriff auf Toulon

Diesmal war ich für meinen Urlaub für den zweiten Törn Ende März vorgesehen. Die Zeit bis dahin war ausgefüllt mit Arbeiten im Prüffeld, wo unsere elektronischen Geräte überholt und abschließend eingehend geprüft wurden.

Meine Mutter hatte sich inzwischen nach Toulon versetzen lassen, so daß ich sie beinahe jeden Tag aufsuchen konnte. Varieté und Kino sorgten für weitere Abwechslung.

Am 7. März 1944 erlebten wir einen Bombenangriff, der aber glücklicherweise nur geringen Schaden in der Werft anrichtete. – Was den Engländern bei diesem Angriff nicht ganz gelang, sollte nur wenig später nachgeholt werden...

11. März 1944. Ich war allein in unserer Unterkunft und bereitete mir gerade einen kleinen Imbiß zu, als draußen plötzlich die französische Flak zu schießen begann. Gleich darauf heulten die Sirenen, und ich blickte verwundert aus dem Fenster. Plötzlich ballerte auch die deutsche Flak los. Schon war das Krachen der ersten Bombeneinschläge zu hören.

Ich stürzte die Treppen hinunter und setzte im Sprunglauf über den Hof in Richtung Bunker. Da sah ich eine Bombe auf mich zukommen! Im Hechtsprung warf ich mich flachgedrückt auf den Boden und streckte alle Viere von mir. – Ein klatschendes Geräusch, eine hohe Wassersäule. Die Bombe war haarscharf an der Pier neben dem Bunker ins Wasser gefallen!

Mit einem Sprung war ich am Bunker. Die Tür ging auf, ich wurde am Arm gepackt und ins Innere gerissen. Man hatte mich wohl beobachten können. Doch auch der Posten am Einmannbunker wurde entdeckt. Er war draußen geblieben und schwer verletzt worden. Er starb noch in unseren Armen.

Ich wollte nicht länger warten und lief deshalb noch vor der Entwarnung zur Stadt, um nach meiner Mutter zu sehen. Da kam sie mir auch schon auf halbem Wege durch einen Bombentrichter entgegengeklettert. Ich brauchte sie nicht einmal zu stützen. Erleichtert liefen wir zu unserem Stützpunkt zurück, wo bereits die Aufräumungsarbeiten im Gange waren.

Nachdem ich meine Mutter in ihre Unterkunft zurückgebracht hatte, eilte ich zur Werft. Vor unserem Boot stand ein wachhabender Bootsmaat und winkte mir zu: *„Hier, sieh dir den Schaden an!"* – Eine Bombe hatte das Oberdeck und den Regelbunker durchschlagen, war im Oberfeldwebelraum detoniert, und Bug- und Kommandantenraum waren ausgebrannt. Somit hatte „U-410" nach vielen stolzen Erfolgen sein Ende gefunden. Die Mannschaft aber stand bereit zum Einsatz auf einem anderen Boot.

Noch einmal Urlaub

Von meiner Mutter belehrt, was ich in unserer Wohnung alles zu beachten hatte, fuhr ich mit der Eisenbahn am 31. März 1944 über Mühlhausen im Elsaß nach Leipzig. Doch meine Urlaubsfreude wurde jäh getrübt, als ich erfahren mußte, daß mein langjähriger Freund Hans Strohschneider und mein Schulkamerad Horst Prater gefallen waren. Es war nun nicht mehr das gewohnte unbeschwerte Beisammensein mit meinen Freunden und Bekannten in Leipzig.

Um so dankbarer war ich, als ich Anita wieder in meine Arme schließen konnte. Wir wollten uns diesmal standesamtlich trauen lassen und im nächsten Urlaub sollte dann nach entsprechender Vorbereitung unsere Hochzeit stattfinden. Anitas Schwester Sieghild hatte ihren Freund, Herbert Hofmann, einen Schnellbootmaat, eingeladen. Und auch ihr Bruder Hans, der inzwischen eingezogen worden war, konnte einen kurzen Urlaub bei uns verbringen. Von unserem Boot lud ich unseren Sanitätsmaat, Fred Rakowski, ein, der in Berlin auf Urlaub war. Somit konnten wir die Tage in etwas besserer Stimmung verbringen, obwohl wir durch das gelegentliche Dröhnen der alliierten Bombergeschwader bei ihrem Flug zum Abladen ihrer tödlichen Last auf Berlin stets an den Ernst der Lage erinnert wurden.

Nach einer bescheidenen Zeremonie beim Amtsvorsteher hatten Anita und ich nun auch amtlich unser festes Band beschlossen und konnten den Tag mit einer harmonischen Feier beenden. Die weiteren Tage füllten wir aus mit geselligem Beisammensein und Spaziergängen. Als wir weiterhin Freunde und Bekannte besuchten, fühlte ich diesmal ein gegenseitiges Glücksgefühl bei der Begrüßung und führte dies auf die nunmehr so angespannte Lage zurück.

Beim Abschiednehmen kamen Anita und mir dann zum ersten Mal leichte Zweifel auf. Wie würde es weitergehen? Der gefährliche Einsatz im Mittelmeer mit brenzligen Situationen, wo wir anschließend meist nur sagen konnten: *„Noch einmal Glück gehabt!"* – Wir blieben dennoch beide zuversichtlich.

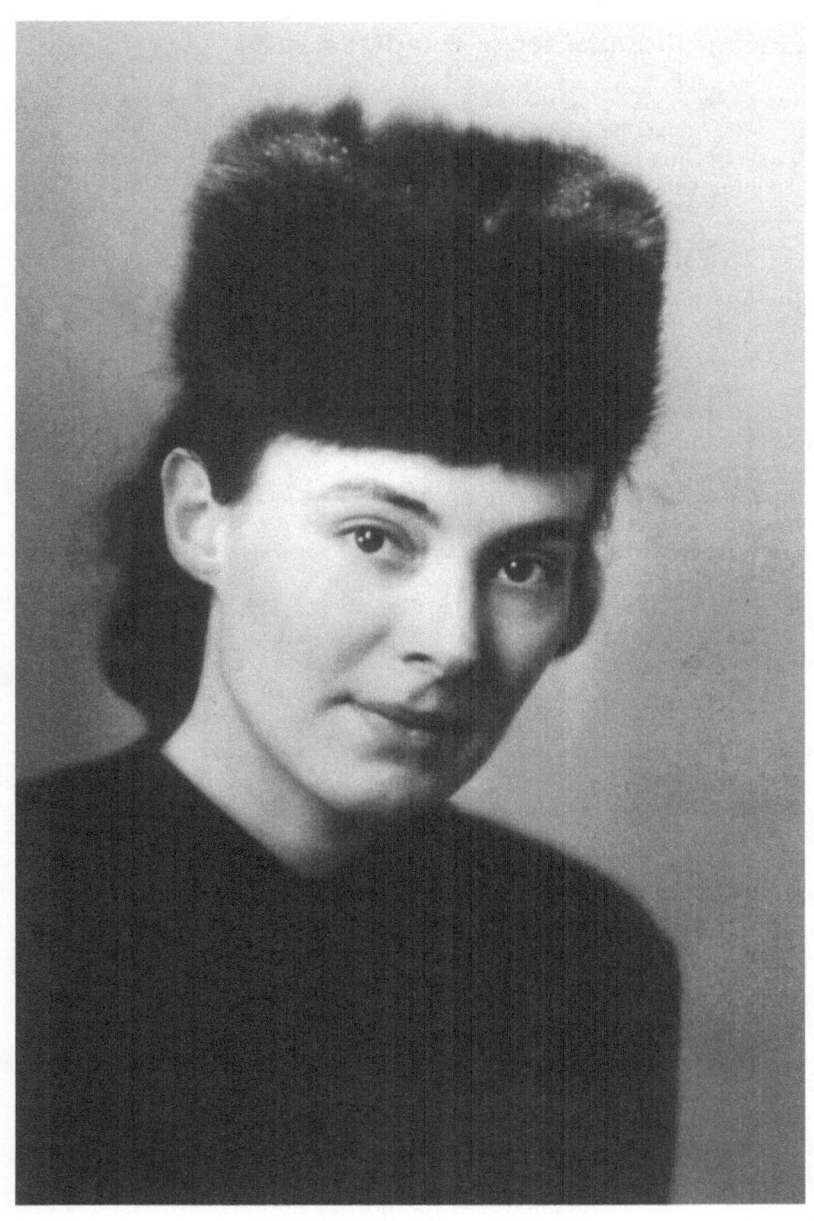

Anita (1943)

Meine zwölfte und letzte Feindfahrt mit „U-371"

Am 23. April 1944 um 8.00 Uhr morgens stand die gesamte Besatzung von „U-371" angetreten an Oberdeck.

Wie schwierig unterdessen die Lage geworden war, wie erbittert um jede Stellung gerungen wurde, und wie brutal der feindliche Bombenhagel deutsche Städte vernichtete, sollen uns einige Auszüge aus den Wehrmachtsberichten veranschaulichen. So lautete am Tage unseres Auslaufens, am 23. April 1944, der Wehrmachtsbericht wie folgt:

„Im Raum von Sewastopol, am unteren Dnjestr und in der Bukowina kam es gestern nur zu örtlichen Kämpfen. Über der Krim vernichteten deutsche Jagd- und Kampfflugzeuge bei nur einem eigenen Verlust 20 feindliche Flugzeuge. Zwischen den Karpaten und dem oberen Dnjestr und in der Bukowina warfen deutsche und ungarische Truppen die Sowjets in harten Angriffskämpfen weiter zurück. Feindliche Gegenangriffe wurden abgesichert.

Im Südabschnitt der Ostfront hat sich in den letzten Wochen das Füsilierbataillon unter Führung von Hauptmann Wrona besonders bewährt. Südlich Narwa machten unsere Angriffe in versumpftem Gelände gegen feindlichen Widerstand weitere Fortschritte.

In Italien fanden keine Kampfhandlungen von Bedeutung statt.

Nordamerikanische Bomber führten in der vergangenen Nacht des 22. April Angriffe gegen mehrere Orte in Westdeutschland durch. Besonders in den Wohnvierteln der Städte Hamm und Koblenz entstanden Schäden und Personenverluste. In schweren Luftkämpfen und durch Flakartillerie wurden 37 nordamerikanische Flugzeuge, in der Mehrzahl viermotorige Bomber, vernichtet.

Britische Bomber führten in der vergangenen Nacht Terrorangriffe gegen mehrere Städte in West- und Mitteldeutschland. Besonders in den Wohngebieten von Düsseldorf und Braunschweig entstanden Schäden und Verluste unter der Bevölkerung. Luftverteidigungskräfte vernichteten bei diesen Angriffen über den besetzten Westgebieten 76 britische Bomber.

Schnelle deutsche Kampfflugzeuge griffen in der letzten Nacht mit gutem Erfolg Einzelziele in Ostengland an."

Über die U-Bootwaffe wurden meist nur zusammengefaßte Berichte über einen größeren Zeitraum abgegeben. Die letzte Meldung über U-Boote vom 4. April 1944 lautete:

„Im Nordmeer griffen unsere Unterseeboote in den letzten Tagen feindliche Kriegsschiffsverbände an und versenkten 14 Zerstörer und Korvetten, darunter mehrere Zerstörer der 'Tribal'-Klasse.

1. April 1944: Im Kampf gegen die britisch-nordamerikanische Nachschubflotte versenkten Kriegsmarine und Luftwaffe im Monat März 29

Handelsschiffe mit 155.000 BRT. 31 weitere Schiffe mit 176.000 BRT wurden durch Bomben und Torpedotreffer beschädigt. Mit dem Untergang vieler dieser Schiffe kann gerechnet werden.

An feindlichen Kriegsschiffen wurden 22 Zerstörer und Geleitfahrzeuge, zwei Unterseeboote und 12 Schnellboote versenkt. 4 Zerstörer und 15 Schnellboote wurden zum Teil so schwer beschädigt, daß auch mit ihrem Verlust zu rechnen ist."

Die allgemeine Stimmung unserer Besatzung unterschied sich kaum von der Stimmung in früheren Zeiten unseres Auslaufens.

Seesack und Koffer standen mit allen möglichen Kostbarkeiten, die ich noch irgendwie für meine Hochzeitsfeier hatte organisieren können, vollgepackt im Lagerraum der Flottille. Nach dieser Fahrt sollte ja schließlich meine kirchliche Trauung mit Hochzeitsfeier stattfinden! Zentralmaat Kurt Kühne wollte als Trauzeuge mit mir nach Löwenberg kommen.

Unser Flottillenchef, Korvettenkapitän Hartmann, richtete die üblichen Abschiedsworte an unsere Besatzung. Dabei kehrten meine Gedanken noch einmal zurück, als ich Hartmann das erste Mal im Juni 1940 in Aurich gesehen hatte, und ich verglich die Lage im U-Boot-Krieg von damals mit der heutigen. Was er uns auf der Nachrichtenschule in Aurich erzählt hatte, hatte alles noch nach Abenteuer und Seefahrtsromantik geklungen.

Doch nichts kennzeichnete wohl die jetzige Lage besser, als die Art des Abschiednehmens. An der Pier von Toulon waren unter anderem die Kameraden von „U-616", Siegfried Koitschka, die kurz nach uns auslaufen sollten, etwas formlos angetreten. Abschiedsworte und lachende Zurufe flogen herüber und hinüber.

„Auf Wiedersehen in Kanada beim Holzhacken!" war wohl noch eine günstigere Zukunftsaussicht, die wir uns gegenseitig wünschten. Beinahe hätten wir damit sogar richtig gelegen. Nur waren es nicht die endlosen Urwälder Kanadas, sondern die ausgedehnten Baumwollfelder in Mississippi, wo wir uns im Schweiße unseres Angesichts wiedertreffen sollten.

Weiterhin kennzeichnend für unsere Lage waren die letzten Worte der Ansprache des Korvettenkapitäns Hartmann, die mir immer in Erinnerung geblieben sind: *„Ob ein Boot wiederkommt oder nicht, ist egal. Die Hauptsache ist, es richtet Schaden an!"*

Ich habe oft darüber nachgedacht, warum er uns dies so unverblümt gesagt hatte und bin letztlich zu der Annahme gekommen, daß diese Ansicht wohl in der damaligen Strategie unserer Führung ihren Ursprung haben mußte. Es wurde schon von Wunderwaffen gemunkelt, und so nahm ich an, daß es jetzt in erster Linie darauf ankam, den Gegner so lange wie möglich hinzuhalten, bis wir ein größeres Potential an überlegeneren Waffen zum Einsatz bringen konnten. Solche und ähnliche Gedanken bewegten wohl zu diesem Zeitpunkt die meisten meiner Kameraden, wie mir in späteren Unterhaltungen bestätigt wurde.

Oberleutnant Horst-Arno Fenski, Kommandant von „U-410" + „U-371"

Fenski gibt letzte Anweisungen

23. April 1944, 20.30 Uhr: *„Alle Mann auf Station! Leinen los!"* – Die Leinen wurden losgemacht, und schon war der Übergang vom Landleben zum eigentlichen U-Boot-Leben auf Fahrt vollzogen. Wieder dieselben Kommandos, dieselben Handgriffe, die immer gleichen U-Boot-Gerüche. Und wieder war man ein völlig anderer Mensch in einer völlig anderen Welt, die begrenzt ist auf engsten Raum in der großen Weite des Meeres, in unbedingter Abhängigkeit des einen vom anderen.

Es bedurfte keiner Umstellung, als ich in den Funkraum ging. Alles erfolgte automatisch: Überprüfen der Geräte, Abstimmen des Empfängers, Abstimmen des Kurzwellenempfängers. Schon wurde der erste Funkspruch mitgeschrieben, durch den „Schlüssel-M" gedrückt und der Klartext in die Funkkladde eingetragen. Nebenbei legte ich noch Schallplatten auf. Die Musik, die ich zum Teil auch nach den Wünschen der Kameraden auswählte, konnte in allen Räumen gehört werden.

Noch herrschte Betrieb im Boot. Verschiedentlich wurde noch ein- und umgeräumt und auf dem Gang, der von der Zentrale her zwischen Kommandantenraum und Funk- und Horchraum durch die Offiziersmesse, danach durch die Oberfeldwebelmesse, vorbei am WC zum Mannschaftsraum oder Bugraum führte, wurde hin- und hergelaufen, gerufen und gesprochen. Allmählich dann ebbte dieses Treiben aber etwas ab, und es wurde ruhiger im Boot. Schon liefen die Backschafter zu den verschiedenen Räumen und ließen ihren Schüsseln den würzigen Duft der ersten Mahlzeit entströmen, die wieder auf See eingenommen würde. Jeder Wachhabende war auf seinem Posten, die Freiwache beim Essen, und irgendwie strahlte dies alles eine Atmosphäre der Gemütlichkeit aus.

Auf unsere Ausrüstung und Bewaffnung vertrauten wir. Ausgestattet mit den neuesten Torpedos, den Geräuschtorpedos „T-5", der neuartigen Munition für unser 3,7-cm-Geschütz, zwei 2-cm-MG und unserer altbewährten 8,8-cm-Kanone, wußten wir, daß wir uns in jeder denkbaren Lage kräftig zur Wehr setzen konnten.

Auch wir von der Funkwaffe hatten bei der sich überschlagenden Entwicklung im Radargebiet die letzten Instruktionen erhalten und die Gewißheit, daß wir mit unseren letzten, wenn auch noch provisorischen, aber dennoch verläßlich funktionierenden Antennen und Empfängern – besonders dem „Metox-Empfänger" – gegen Überraschungen gefeit waren. Gänzlich unerwartete Attacken, bei denen ein Flugzeug urplötzlich aus bewölktem Nachthimmel auf uns zustieß, brauchten wir nicht mehr zu fürchten, wenn wir nur die Geräte richtig bedienten.

Dies war nun meine zwölfte Fahrt und ich hatte bisher schon recht viel Erfahrung am Horchgerät gesammelt und konnte eine große Anzahl verschiedener Geräusche unterscheiden und bestimmen. Oft waren in den bangen Minuten zwischen einzelnen Wasserbombenserien die Augen nahe beim Horchraum stehender Kameraden fragend auf mich gerichtet: *„Was macht er jetzt? Hat er gestoppt? Wie weit ist er weg? Lädt er Wabos nach?"*

Auch nach schweren Wasserbombenverfolgungen hatte die Festigkeit des Druckkörpers der Boote unsere Erwartungen bei weitem übertroffen und uns damit ein erhöhtes Gefühl der Sicherheit gegeben. Aus oft äußerst gefährlichen Situationen waren wir wieder heil herausgekommen.

Wie üblich wurden wir nun bis Cap Cepet von zwei Lotsenbooten begleitet. Nachts fuhren wir unter Wasser zu unserem Operationsgebiet zwischen Kap Begut und Kap Sigli in einem Abstand von 10 bis 15 Meilen von der Küste entfernt.

Am 27. April 1944 tauchten wir nach Horchpeilung auf und sichteten zwei Transportschiffe von 12.000 und 14.000 Tonnen, die von drei französischen Zerstörern begleitet wurden. Wir setzten zum Angriff an und feuerten zwei Elektro-Torpedos aus Rohr I und III auf das 14.000-Tonnen-Schiff. Doch wir verfehlten das Ziel! Eine Minute später wurde ein weiterer Torpedo auf das kleinere Schiff geschossen, wobei sich aber auch hier kein Erfolg zeigte. Und auch der etwa anderthalb Minuten später geschossene „T-5" auf einen Zerstörer war ein Fehlschuß. – Kein guter Beginn für dieses Unternehmen!

Am Tag darauf empfingen wir einen Funkspruch, der uns genaue Angaben über drei Geleitzüge vermittelte. Einer davon bestand aus 97 Schiffen, bei denen sich acht Tanker und 15 Bewacher befanden.

Wir gingen auf Sehrohrtiefe, um nach den Geleitzügen Ausschau zu halten. Da näherten sich uns drei Flugzeuge, von denen eines über uns einen Kreis beschrieb, so daß wir sofort auf 100 Meter Tiefe gingen. Der befürchtete Angriff blieb jedoch aus.

Auf 20 Meter Tiefe liefen wir weiter in Richtung Geleitzug. Entfernte Horchpeilungen in verschiedenen Richtungen wurden dabei immer zahlreicher. Trotzdem tauchten wir in der Nacht zum zweiten Mal auf, um unsere Batterien nachzuladen. Zu seiner großen Überraschung mußte Fenski dabei feststellen, daß wir uns inmitten eines Geleitzugs befanden! Sofort gingen wir mit Alarm auf Tiefe.

Am 20. April 1944 wurde dieser Geleitzug, einer der größten Konvois, von deutschen Torpedobombern in drei Wellen angegriffen. In seinem Bericht schrieb der amerikanische Schriftsteller, mein späterer Freund, Brian Whetstine, darüber: *„Die Flugzeuge stürzten sich mitten zwischen die Schiffe und suchten sich gute Ziele für ihre todbringenden Torpedos aus. Als die Flugzeuge die Frachter erreichten, wurde der Himmel durch ein gelbliches Gitterwerk einer Myriade von Leuchtspurgeschossen erhellt. Die See hallte wider vom Krachen unzähliger 2-cm- und 4-cm-Kanonen, gelegentlich begleitet vom tiefen Bellen einiger 7,6-cm-Geschütze. Flugzeuge kurvten steil hoch und stießen wieder herunter. Geschosse barsten über dem dunklen Wasser, und Leuchtspurgranaten spannen ein tödliches Gewebe am Himmel. Geleitzerstörer und Frachter versuchten durch Aus-*

weichen oder Abdrehen den Kurven der verderbenbringenden Torpedos zu entgehen. Eine Szene wie im Irrenhaus, das sich schnell in eine Hölle verwandelte."

Weiter wird berichtet: *„Der Angriff auf 'UGS-38' hatte 17 Minuten gedauert. Der Konvoi erlitt schwere Verluste: 'USS Landsdale' gesunken, 49 Tote; 'SS Paul Hamilton' explodiert, 547 Tote; 'Royal Star' gesunken, 1 Toter; 'SS Stephen S. Austin' beschädigt, 4 Verletzte; 'SS Samite' beschädigt, ebenfalls 4 Verletzte. Nach ersten Schätzungen verloren die Deutschen 6 Flugzeuge, 9 wurden beschädigt. Göring und seine Luftwaffe hatten hoch gespielt und gewonnen. Die gemütliche 'Milchtour' war entschieden sauer geworden."*

Dieser Geleitzug sollte unser Schicksal werden!

Am Abend des 2. Mai 1944 tauchten wir wieder auf, um unsere Batterien nachzuladen, nachdem ich entfernte Horchpeilungen in verschiedenen Richtungen festgestellt hatte. Als Fenski sah, daß wir uns inmitten eines Geleitzugs befanden, ließ er sofort mit Alarm auf 100 Meter Tiefe tauchen.

Nach etwa einer Stunde tauchten wir wieder auf, um nochmals zu versuchen, die Batterien nachzuladen und wieder auf das Geleit zuzusteuern. Dabei wurden wir aber von einem Zerstörer geortet. Wir änderten daher sofort den Kurs und versuchten eilig, über Wasser zu entkommen, um endlich unsere Batterien nachladen zu können.

Als sich der Zerstörer uns bis auf 3.000 Meter genähert hatte, feuerten wir einen „T-5" aus dem achtern Rohr und gingen sofort auf Tiefe. Nach etwa fünf oder sechs Minuten hörten wir eine Explosion und nahmen an, daß der Zerstörer gesunken war.

Am 5. Mai 1944 hatten wir diesen Treffer auf den Geleitzerstörer „USS Menges" erzielt. In seinem Buch „United States Destroyer Operations" berichtet Theodore Rosco darüber unter anderem: *„In den frühen Morgenstunden des 3. Mai traf ein U-Boot-Torpedo den Geleitzerstörer 'Menges', das Flaggschiff des Captain R. E. Wood, Commander der Geleitzerstörerdivision 46.*

'Menges' patrouillierte 3.000 Yards hinter dem Geleitzug. Kurz nach Mitternacht erkannte ihr Radargerät ein Ziel sechs Seemeilen achtern voraus. Captain Wood befahl dem Geleitzerstörer aufzuklären. Der Kommandant der 'Menges' schickte die Besatzung auf Gefechtsstation und das Schiff brachte die 'Foxer' (falsche Ziele) aus, um akustische Torpedos irrezuleiten. Gegen 0.15 Uhr begann der Geleitzerstörer Zickzackkurs zu steuern. Um 1.04 Uhr erhöhte er seine Geschwindigkeit auf 20 Knoten, um näher heranzukommen. Dann verschwand das Ziel. Aber ein neuer Schwarm von Echoanzeigen flackerte auf dem Radarschirm, dadurch das Meßergebnis verwirrend.

Um 1.15 Uhr wurde die Geschwindigkeit herabgesetzt, um die Ortung mit dem Asdic-Gerät unter Wasser zu erleichtern. Drei Minuten später traf sie ein Torpedo ins Heck. Die Detonation riß beide Propeller und die Rudereinrichtung fort und zerstörte die hinteren Teile des Schiffes. 31 Mann der Besatzung wurden von der Explosion getötet und 25 verwundet. Der Geleitzerstörer schlingerte hilflos in der See, gelähmt und fast kampfunfähig. Mit Ausnahme ihrer vorderen Geschütze und vier 20-cm-Rohren in der Nähe der Schornsteine fielen alle anderen Geschütze aus."

Der Kriegsberichter der „Menges", mein späterer Freund Art Green, verdankte einem glücklichen Umstand, daß er den Angriff überlebte. Er berichtet: *„Kurz bevor die 'Menges' getroffen wurde, befand ich mich auf meinem üblichen Platz, auf dem Ablüfter. Ich unterhielt mich mit Fähnrich McSorley, der die Aufsicht bei all diesen Burschen an den Wasserbombenwerfern hatte. Wir sprachen noch miteinander, als ein Seemann namens Brown in sein Mikrofon rief: 'Lichtsignale rechts voraus!'*

Darauf ging ich weiter nach vorn und versuchte, auf die Brücke zu gelangen. Von dort würde ich den besten Überblick haben, um weitere Ereignisse zu fotografieren. In diesem Augenblick ging der Torpedo direkt auf die Schrauben los. Ich kam noch etwas weiter voran und erreichte gerade eine Leiter zwischen zwei Decks, als ich von der Detonation niedergeworfen wurde. Natürlich wurden alle Leute auf oder im Hinterschiff getötet oder verwundet. Umgeben vom Stöhnen der Verwundeten und Sterbenden rappelte ich mich wieder auf und ging an meine Arbeit."

Der kritischste Augenblick für unser Boot geht aus folgendem Bericht der „Navy Times" hervor: *„Captain Curry auf 'Pride' war der erste, der den Ort des Geschehens erreichte. 'Pride' näherte sich 'Menges' von der Mondseite her und bekam einen sicheren Kontakt mit dem U-Boot, das etwa 1.600 Meter von dem hilflosen Zerstörer entfernt war. Captain Curry befahl sofort einen 'Hedgehog'-Angriff. Als 'Pride' den Abschußpunkt erreichte, gab Curry den Feuerbefehl, aber nichts geschah. Ein Versager!*

Da sie nun gerade über der Position des U-Boots standen, gab Curry den Befehl zum Wabo-Angriff. Als die Explosionen die Tiefe erschütterten, ließ Curry zu einem neuen 'Hedgehog'-Angriff anlaufen, aber wieder versagte das empfindliche System, und es gab erneut einen Fehlschuß. 'Pride' war gezwungen, noch einmal mit Wasserbomben anzugreifen.

Zu diesem Zeitpunkt erschien auch 'Joseph E. Campbell' unter dem Kommando von Commander L. M. Markham jr. auf dem Plan und beteiligte sich sofort am Kampf. Gemeinsam wurde begonnen, das U-Boot in die Zange zu nehmen."

Dieser erste „Hedgehog"-Angriff war im Augenblick unseres Alarmtauchens erfolgt. Die „Hedgehogs" bestanden aus einer Streuung von Wasserbomben, die nicht auf Tiefe eingestellt waren, sondern direkt auf das Ziel geworfen wurden und bei Treffern auf dem Bootskörper explodierten. Da der Zerstörer nahe an die Stelle unseres Tauchens gekommen war, hätte eine Streuung von 24 Wasserbomben sicher zur Vernichtung unseres Bootes geführt.

Und so erlebten wir diesen Angriff: Wir tauchten sofort mit Fahrtstufe unter, gingen also sehr schnell mit Fahrt auf Tiefe und hörten sogleich das unheimliche Knistern des Druckkörpers, hervorgerufen durch den übermäßigen Wasserdruck.

Kommandos und Meldungen aus der Zentrale überschlugen sich. Elektrisch oder durch Handbetrieb mußten Flutklappen, Tiefenruder und Preßluftzufuhr aufeinander abgestimmt werden. Ein einziger Fehlgriff konnte das Boot durchrauschen, das heißt unkontrollierbar auf Tiefe schießen lassen und innerhalb von Sekunden das Ende bedeuten!

„Können wir das Boot noch abfangen?"
„160 Meter – Boot fällt! – 180 Meter – 200 Meter..."
„Tiefenmanometer zeigt nicht mehr an! – Boot fällt weiter..."

Dann gab es einen heftigen Ruck, ein mahlendes und knirschendes Geräusch außen am Druckkörper und die kurze Meldung aus der Zentrale:

„Boot liegt auf Grund!"
„Tiefe?" – „240 Meter!"
„Klarmeldung an die Zentrale durchgeben!" erklang die Stimme des Kommandanten durch die Sprechanlage.

Aber da krachte es auch schon dreimal hintereinander! Klirrend zersprangen einige Glühlampen und Meßgeräte. Die Wasserbombenserie war gut gezielt über unserem Boot detoniert! Direkte Treffer brauchten wir bei dieser Tiefe zwar nicht mehr zu fürchten, aber der Schaden durch die Fortpflanzung des Explosionsdrucks durch das Wasser konnte gefährliche Ausmaße annehmen. – Ein Glück, daß wir das Unterwasserhorchgerät noch nicht besetzt hatten. Der unheimliche Druck der Wabos, durch 48 Stufen des Geräts verstärkt, konnte zu ernsten Ohrverletzungen führen, wie ich einmal belehrt worden war.

„Dieseleinbruch im Boot! Wahrscheinlich Bunker gerissen", wurde nun gemeldet. Ich hatte den Geruch, der sich in der Zentrale auszubreiten begann, bereits wahrgenommen. Dann ein leises Surren in der Zentrale, sonst Totenstille im Boot.

Ich schaltete das Gruppenhorchgerät ein und setzte den Kopfhörer auf, um herauszufinden, was da oben vor sich ging. Da hörte ich es – *„klack, klack"* – aufs Wasser klatschen! Ich riß schnell den Kopfhörer herunter und meldete mit gedämpfter Stimme: *„Wabos!"* Aber das konnte eigentlich sowieso jeder im Boot auch ohne Horchgerät hören, da alles still war und der Zerstörer sich direkt über uns befand.

Und wieder zerriß ein ohrenbetäubender Knall die Stille. In kurzen Abständen erfolgten die Segnungen der beiden anderen Wasserbomben. Weitere Geräteausfälle waren das Ergebnis. Noch wurde aber nichts unternommen.

Ich hatte das Gruppenhorchgerät wieder ausgeschaltet, da mir klar war, daß der Gegner uns einwandfrei geortet haben mußte. Man konnte auch ohne Gerät hören, wie die Impulse des feindlichen Unterwasserschallgeräts „Asdic" auf unseren Bootskörper auftrafen und somit dem Gegner genau Richtung und Entfernung unseres Bootes anzeigten.

Weitere Wasserbombenserien folgten und verursachten weitere Geräteausfälle. Dann wurde es oben wieder ruhig. Ich schaltete das Gruppenhorchgerät wieder ein, konnte aber nur noch Horchpeilungen in weiter Entfernung feststellen. Von der Diesel- und E-Maschine wurden nochmals Schäden durchgegeben und diese so gut wie möglich ausgebessert. Von der FT konnte ich klar melden, unser Umformer und Gruppenhorchgerät arbeiteten noch einwandfrei.

Noch war es oben hellichter Tag, und es dauerte nicht lange, bis ich wieder ein sich näherndes Zerstörergeräusch hören konnte. Nun war klar: Sie hatten uns! – In den nächsten Stunden folgten mit Pausen unterschiedlicher Länge mehrfach weitere Wasserbombenserien, teils auch etwas entfernt.

Wie die Gegenseite diese Auseinandersetzung erlebte, schilderte B. J. Whetstine (Übersetzung durch G. Peters, 1. Wachoffizier auf „U-371") so:

„In der Nacht des 2. Mai 1944 lief der Geleitzug bei hellem Mondschein auf Kap Sigli und Kap Bengut zu. Die Männer auf den Schiffen verfluchten diese aufdringliche Helligkeit, gerade jetzt in den durch U-Boote gefährdeten Gewässern.

Leider profitierte ein U-Boot von diesem scheußlichen Mondlicht. Es war 'U-371', Kommandant Oberleutnant Horst-Arno Fenski. Er war ein ziemlich auffallender (...) und selbstbewußter 25 Jahre alter U-Boot-Fahrer, beliebt bei seiner Besatzung und hochgeschätzt von der U-Boot-Führung, hatte er doch 70.000 Tonnen versenkten Schiffsraumes auf seinem Konto und galt als eines der führenden deutschen Asse im Mittelmeer.

'U-371' war ein VII-C-Boot, Baujahr 1941, mit 500 Tonnen Verdrängung und gebaut in Kiel. Wie in der U-Bootwaffe üblich, hatte die Besatzung den Turm von 'U-371' mit Fenskis persönlichem Emblem geschmückt: Ein Schwert über einem Trauring mit der Inschrift: 'Erst siegen, dann heiraten'.

Das Boot operierte befehlsgemäß 15 bis 20 Meilen von der Küste entfernt zwischen Kap Sigli und Bengut. Wie gewöhnlich, ließ Kommandant Fenski am Abend des 2. Mai 1944 auftauchen, um seine stark dezimierten Batterien aufzuladen. Als das Wasser um den Turm schäumte, und die Wache nach oben kletterte, stellte Fenski verblüfft fest, daß er mitten in einem Geleitzug aufgetaucht war. Er tauchte sofort wieder weg und ließ auf 100 Meter gehen. Ungeachtet der weit heruntergefahrenen Batterien entschloß er sich zum Angriff.

Captain McCape fuhr, als die Nacht anbrach und es dunkel geworden war, mit 'Menges' etwa zwei Meilen hinter 'GUS-38' an Steuerbordseite. Alle Escorter hatten schon die Meldung erhalten, daß ein U-Boot von Kap Sigli gesichtet worden sei. U-Boot ja oder nein, 'GUS-38' pflügte weiter durch die See. Die Escorter der Kampfgruppe 65 waren ja da, um das Geleit zu schützen. Ein einzelnes Boot würde keinen alliierten Konvoi von seinem Kurs abbringen. Etwa um 20.30 Uhr sichtete Captain Curry auf 'USS Pride' einen außergewöhnlichen weißen Blitz backbord quer ab vom Konvoi, fand aber nichts.

Um 0.37 Uhr des 3. Mai 1944 faßte 'Menges' dann ein kleines Überwasserziel mit Radar auf, das sich sechs Meilen entfernt steuerbord befand. Als 'Menges' Kurs und Fahrt des Zieles näher bestimmen wollte, schien dies auf 15 Knoten zu gehen. Captain McCape meldete seine Beobachtung der Kampfgruppenführung und erhielt den Befehl, weiter nachzuforschen.

'Menges' drehte vom Geleitzug ab und näherte sich dem Ziel vorsichtig in Zickzackkursen. Bei einer Entfernung von etwa 3.000 Metern schien das Ziel zu tauchen, denn es verschwand vom Radarschirm. McCapes Beobachter arbeiteten mit besonderem Eifer, wußten sie doch, daß es sich um ein U-Boot handeln mußte. Um 1.17 Uhr wurde nach backbord Sonderkontakt etwa 3.000 Meter entfernt gemessen. McCape verlangsamte die Fahrt, um ein sicheres Echo vom Ziel zu bekommen und ging dann wieder auf normale Geschwindigkeit.

An Bord von 'U-371' hatte Fenski inzwischen seine Überlegungen beendet und sich entschieden, wegen des verzweifelt niedrigen Ladezustandes seiner Batterien aufzutauchen, mit Diesel zu fahren und möglichst aufzuladen, obwohl das Boot von Schiffen des Konvois umgeben war. Da entdeckte Fenskis Horcher die schnelle Annäherung der 'Menges'. Doch anstatt auf relativ sichere Tiefe zu gehen, wagte Fenski den Versuch, über Wasser zu entkommen. Er änderte häufig Kurs und Fahrt, konnte aber den Verfolger nicht abschütteln.

Als der Escorter sich auf weniger als 3.000 Meter genähert hatte, feuerte Fenski einen Geräuschtorpedo aus dem Heckrohr und tauchte dann auf 100 Meter. Nach fünf oder sechs bangen Minuten schlugen die Schallwellen einer Explosion gegen den Druckkörper, und die Besatzung hörte ein starkes Brechen und Krachen. Man glaubte Sinkgeräusche zu hören und war stolz auf den Erfolg. Der Jäger war versenkt und nun konnte man den Konvoi angreifen.

An Bord der 'Menges' versuchte Stan Putzke, backbord Befehlsübermittler, das Dunkel mit den Augen zu durchbohren, um das gemeldete Boot zu entdecken. Gerade zog ihm der typische Dieselgestank in die Nase, da sah er auch schon den Torpedo kommen. Putzke erklärte, er habe sofort zur Brücke gemeldet, aber da sei schon das Heck des Schiffes hochgegangen und er mit. Er berichtete weiter: 'Ich weiß nicht, ob ich im Kopf klar war; wahrscheinlich nicht. Aber als ich wieder normal denken konnte, war das Schiff ein Stück kürzer als vorher.'

Von seiner Position sah Putzke, daß achtern totales Chaos herrschte. Stücke der Bewaffnung, Maschinentrümmer, Munition und Stahlteile waren auf dem Deck ebenso verstreut wie Menschenleiber, als ob sie eine Riesenhand hingeworfen hätte. Das Schiff selbst lag wie tot im Wasser.

Putzke nahm seinen Kopfhörer ab und hörte das lauter werdende Stöhnen der Verwundeten. Der Torpedo hatte ein Wasserbombengestell losgerissen und es gegen ein 4-cm-Flakgeschütz gefeuert. Die Kanone war von ihrem Sockel geschmettert worden und hatte die Geschützbedienung ins Wasser geworfen. Putzke hörte die Kameraden um Hilfe rufen und wollte sie retten. Sein Adrenalinspiegel ging hoch und er raste zu einem kleinen Boot, das er gemeinsam mit einem Kameraden aus der Maschine zu Wasser ließ. Beide sprangen hinein und begannen, sich zu den Schwimmenden vorzuarbeiten. Als sie sich vom Schiff entfernten und in die ruhige, mondhelle Nacht hinaustrieben, fühlte Putzke, wie sich die Beklemmung in seiner Brust löste und er auf einmal froh war, von der 'Menges', die jetzt wie eine sitzende Ente aussah, weg zu sein.

Die Explosion hatte ein anderes Wasserbombengestell mittschiffs geworfen, wo es einige Torpedoleute zermalmte und ihre Torpedos so in ihren Rohren vorwärts stieß, daß deren Maschinen zu laufen begannen. Glücklicherweise konnte ein Überlebender Torpedomixer sich gemeinsam mit einigen Männern der Reparaturtruppe auf den Rohrsatz setzen und die Maschinen stoppen, die aber ohnehin schon ihre volle Laufstrecke hinter sich hatten. Wären die Gefechtspistolen eingesetzt gewesen, hätten sie die Torpedos am Ende der Laufstrecke gezündet und die 'Menges' wäre vernichtet worden."

Als ich wieder einmal nach sorgfältigem Rundhorchen dem Kommandant „*Keine Horchpeilung mehr!*" melden konnte, gab er nach Rückfrage zur Diesel- und E-Maschine: „*Wache auf Station! Boot klarmachen zum Auftauchen!*" Die E-Maschine wurde angeworfen. Das Boot ruckte vorwärts, kam aber nicht los. Dann wurde umgeschaltet: „*Rückwärts! – Vorwärts! – Rückwärts!*" – Nichts! Wir saßen im Schlick fest! Die Batterien waren durch dieses Manöver so geschwächt, daß es gar keinen Sinn mehr hatte, weitere Versuche zu unternehmen.

Der stechende Geruch des eindringenden Dieselöls machte sich nun noch stärker bemerkbar, so daß wir unsere Kalipatronen (Atemgeräte) anlegten. Der Kommandant befahl: *„Alles hinlegen! Absolute Ruhe im Boot!"*

Nur eine Notbeleuchtung in der Zentrale brannte noch, und unser Horchgerät blieb besetzt. Da ich gerade Wache hatte, sagt mir der Kommandant, daß ich ihn in der kommenden Nacht wecken sollte, falls eine längere Pause eintreten würde und ich keine Horchpeilung mehr hätte. So gab es nun keinen Ausweg mehr. Sie kamen immer wieder und deckten uns mit Wasserbomben ein. Der Druckkörper aber hielt stand!

Als ich meinen Kameraden, Oberfunkmaat Karl Böhm, zum ersten Wachwechsel wecken wollte, merkte ich erst richtig, in welcher Situation wir uns hier eigentlich befanden. Trotz der Atemmasken drang der stechende Dieselgeruch durch. Das Notlicht in der Zentrale schimmerte schwach durch den Dunst. Nachdem ich mich zum U-Raum durchgetastet hatte, sah ich meine Kameraden auf den Kojen liegen und röcheln. Die ganze Atmosphäre war gespenstisch.

Ich rüttelte Karl wach, der mich zunächst völlig verwundert ansah, aber sich gleich wieder zurechtfand. Ich berichtete ihm nur kurz und legte mich dann gleich schlafen. Aus tiefem Schlaf wurde ich dann schließlich wieder geweckt und hatte sofort das Gefühl einer völligen inneren Leere, war auch benommen, und alle meine Handlungen erfolgten automatisch, ohne irgendwie nachzudenken. Karl hatte zwischenzeitlich alle Vorkommnisse säuberlich in die Kladde eingetragen. Und genauso ging es auch weiter: Horchpeilung..., Wabos...

Was sich außerdem noch zugetragen hatte, erfuhr ich erst bei unserem U-Boot-Treffen im Jahre 2001: Maschinenobergefreiter Willi Weppler erzählte mir, daß beim Öffnen der Tür des WC ein dünner Wasserstrahl aus der Wand herausschoß. Wenn man ein Stück Pappe dagegenhielt, wurde dieses wie von einem scharfen Rasiermesser glatt durchschnitten. Damit war klar, daß an dieser Stelle der Druckkörper durchbrochen worden war. Der Kommandant befahl sofort, niemandem davon ein Wort zu sagen, und die Tür wurde verschlossen. Hätte sich das Loch zum Beispiel durch weitere Wasserbombenschäden zu einem größeren Riß erweitert, hätte das für uns alle das sichere Ende bedeutet.

Es vergingen noch weitere Stunden, bis ich dann nach längerem Rundhorchen nichts mehr feststellen konnte. Also weckte ich den Kommandanten. Wir warteten noch eine Weile, während ich weiterhin rundhorchte.

Jetzt war der entscheidende Augenblick gekommen: Fenski setzte sich mit der E-Maschine in Verbindung. Die Batterie hatte sich während der vielen Stunden etwas erholt. Würde es genügen?

Wieder erfolgte das Kommando: *„Wache auf Station! Boot klarmachen zum Auftauchen!"* Und dann versuchten 240 Meter tief, auf dem Boden des Mittelmeeres, 52 erschöpfte Seeleute in beinahe völlig verbrauchter Luft mit letzten Kräften, durch Vor- und Rückwärtslaufen das Boot in Bewegung zu bringen und aus dem Schlick herauszubrechen.

Bootsmaat Heinz Appelt berichtete mir darüber: *„Das Boot schien festgeklebt auf dem Meeresgrund zu liegen. Wir hatten kaum noch Hoffnung, daß es sich lösen würde. Nach einigen Versuchen in der E-Maschine kam das Kommando: 'Alle Mann voraus!' und wieder: 'Alle Mann zurück!' Mit dem Tauchretter vor der Brust rannten wir ein paarmal hin und her und waren zuletzt völlig erschöpft. Doch plötzlich gab es einen Ruck, das Boot löste sich und schoß steil nach oben!"*

Zur gleichen Situation gab mir Maschinenmaat Helmut Höher folgenden Bericht: *„Nachdem wir ein paarmal vergeblich vor- und zurückgeschaltet hatten, wußten wir, daß die Batterie nun nichts mehr hergeben würde, um das Boot in Bewegung zu setzen. So kamen wir glücklicherweise auf den Gedanken, statt den Strom durch den Anlasser zu schicken – was ja die Überbrückung von Widerständen bedeutete – das Kabel von der Batterie direkt in die Maschine zu leiten. Es glückte! Es gab einen Ruck, das Boot schoß steil nach oben, durchbrach die Wasseroberfläche und klatschte vernehmlich auf die Wasseroberfläche zurück."*

„Turmluk auf!" – Ein gewaltiger Luftsog, hervorgerufen durch den starken Überdruck, weckte schlagartig unsere Lebensgeister wieder auf. Es war erstaunlich, wie nach dieser Situation der beinahe völligen Erschöpfung sofort wieder jedermann auf seinem Posten war.

„Brückenwache auf Station!"

Gleich danach: „Torpedowaffe auf Gefechtsstation!"

„Wir sind von Zerstörern umringt! Klarmachen zum Überwasserschuß!"

Um 3.15 Uhr hatte der französische Zerstörer „Senegalais" unser Boot mit Radar geortet und feuerte Leuchtgranaten. Die Silhouette unseres Bootes hob sich klar von der Dunkelheit ab, und „Senegalais" eröffnete das Feuer. „Pride" und „Campbell" schossen mit Höchstfahrt heran, um uns den Weg nach Westen abzuschneiden. „Blankney" und „Sustain" operierten nach Westen. Da feuerten wir zwei Torpedos ab, wovon einer den Zerstörer „Senegalais" traf und das Achterteil schwer beschädigte.

Versenkt!

Ein Geschoß der „Senegalais" traf aber auch uns und hatte in der E-Maschine den Druckkörper zerschlagen, so daß ein drei bis vier Zentimeter dicker Strahl den Maschinenraum zu fluten begann. Wir von der FT hatten sofort unsere Funkgeräte besetzt, da auch die anderen Zerstörer sogleich zu schießen begannen, als sie uns entdeckten.

Noch einmal hörten wir die Stimme des Kommandanten durch die Lautsprecher: *„Besatzung Schwimmwesten anlegen! Boot klarmachen zum Versenken!"* – Nun wurde es lebhaft im Boot! Jeder versorgte sich mit einer Schwimmweste und, falls erreichbar, mit einem Ein-Mann-Faltboot.

Ich selbst war zunächst etwas unschlüssig, wickelte mir den Riemen meines Fotoapparates um den Hals und stieg zur Zentrale, wo noch der Leitende Ingenieur, Oberleutnant Ritschel, und die beiden Zentralemaate ruhig saßen. Von oben hörte ich schon die feindlichen Geschosse in Bootsnähe einschlagen. Da fiel mir plötzlich ein, daß ich meine Fotos von der Hochzeit an der Wand im Horchraum befestigt hatte! Also schnell zurück, die Bilder in die Tasche gesteckt und mit einem Sprung wieder in die Zentrale. Ich klopfte Maschinenmaat Kühne, der an einem Kanten Brot kaute, auf die Schulter und erinnerte ihn, daß er doch als Trauzeuge des Bootes zu meiner kirchlichen Trauung mitkommen sollte. Er lächelte aber nur müde. Mit einem Kopfnicken verabschiedete ich mich vom Leitenden Ingenieur und den beiden Maaten.

Was inzwischen in der E-Maschine geschah, berichtete mir Maschinenmaat Helmut Höher später: *„Gleich nachdem wir den Wassereinbruch hatten, verließen wir den Raum und verschlossen die Tür. Ich kletterte hoch in den Turm und hörte noch die Kommandos zur Änderung der Ruderlage. Niemand war mehr da, die Befehle auszuführen. Ich versuchte, die Knöpfe zu bedienen, gab aber gleich wieder auf, kletterte die letzten Stufen nach oben und sprang ins Wasser."*

Nun aber schnell die Leiter hinauf, hoch auf den Turm! Dort hockte schon der Maschinengefreite Ewald Raida in Deckung und wußte nicht, ob er springen oder sitzenbleiben sollte. Da ich am Aufblitzen der Geschütze erkannte, woher die Schüsse kamen, sprangen wir beide kurzentschlossen auf der Backbordseite ins Wasser, als es von rechts aufblitzte. Ich blies sofort das Boot mit der Preßluftflasche auf. Wir hatten beide darin Platz.

In einiger Entfernung sahen wir auch ein Rettungsboot schwimmen und konnten uns durch Zuruf verständigen. Es war der Kommandant. Er fragte mich noch, ob ich den Obermaschinist Rose gesehen hätte. Ich konnte ihm über dessen Schicksal aber leider keine Auskunft geben. Dann trieben wir voneinander weg.

Ich sah, wie unser Boot noch mit Fahrt weiterlief, bevor es plötzlich unterschnitt. Mir war sofort klar, daß der Leitende Ingenieur und beide Maate mit in die Tiefe gegangen waren. Daß der E-Maschinenraum einen Treffer abbekommen hatte, wußte ich damals nicht.

Noch wurden von den Zerstörern Schüsse abgefeuert. Dann war plötzlich alles still. Es war eine helle Mondnacht und in der Ferne konnte ich die Silhouette eines Gebirges erkennen. Ich schlang mir die am Boot befestigte Leine um den Bauch, sprang ins Wasser und wollte zur Küste schwimmen, gab aber bald wieder auf, da ich merkte, daß die Entfernung entschieden zu groß war.

Der Zerstörer kehrte wieder um und kam längsseits. Eine Leiter wurde heruntergelassen, um mich aufzunehmen. Oben half man uns über die Bordkante.

„Thank you", sagte ich.

„Are you English?"

„No, German!" antwortete ich

Wir wurden zur Kombüse geführt, in der schon einige Kameraden saßen, die uns lachend zuwinkten. Am Herd stand ein Neger, der auch fortwährend lachte, als ob er sich über etwas freute. Er backte für uns Brot und kochte Kaffee.

Gerettet, aber gefangen...

Das Schiff, das uns aufgenommen hatte, war das Minenschiff „Sustain" gewesen. Nachdem ich mich zunächst eine Weile mit meinen Kameraden unterhalten konnte, nahm ich meine Kamera hervor und trocknete sie sorgfältig. Inzwischen war auch ein Offizier des Schiffes zu uns gekommen und interessierte sich für meine Kamera. Ich erklärte ihm, daß sie halbautomatisch sei. Es war eine „Tenax II" von Zeiss, die ich 1939 erstanden hatte. Er fragte mich, ob er sie einmal anschauen dürfte, um zu sehen, wie der Filmtransport funktionierte. Er spazierte damit umher, betätigte wiederholt den Filmtransport und war plötzlich durch eine Tür verschwunden.

Nach ein paar Stunden wurden wir auf den Zerstörer „Joseph Campbell" übergesetzt. Beim Verlassen des Schiffes blickte ich mich um und sah oben auf der Brücke den Offizier stehen, der meine Kamera hatte.

„*What about my camera?*" rief ich ihm zu.

Er lächelte und zuckte die Achseln.

Damit war diese Angelegenheit für ihn wohl erledigt.

Mit einem Motorboot wurden wir zu dem Zerstörer „Campbell" gebracht, wo wir von weiteren aufgesammelten Kameraden begrüßt wurden.

Bootsmaat Heinz Appelt gab mir dazu später folgenden interessanten Erlebnisbericht: *„Nachdem das Kommando 'Alle Mann von Bord!' gegeben war, hatte ich die Aufgabe, im Turm die von unten gereichten Schwimmwesten und Ein-Mann-Schlauchboote weiter nach oben zum Deck zu reichen. Als nichts mehr kam, rief mir der Leitende Ingenieur aus der Zentrale zu: 'Appelt, steigen sie aus!' Mit dem Schlauchboot unter dem Arm, kletterte ich also zum Oberdeck, blies es auf und sprang ins Wasser.*

Es war außer dem Mondlicht noch dunkel. Nach ein paar Minuten, hörte ich plötzlich Rufe. Ich bewegte mich darauf zu und erkannte meinen Kameraden, Maschinenmaat Labuske. Er sagte mir, daß er beim Abspringen von Bord mit dem Rücken auf dem Tauchbunker aufgeschlagen sei und sich schlecht bewegen könne. Ich antwortete ihm: 'Versuche, in mein kleines Boot zu steigen, das kann auch zwei Mann tragen!' Aber das war nicht so einfach. Beim ersten Versuch kenterte das Boot und wir lagen beide im Wasser. Mit großer Mühe gelang es uns dann aber doch nach mehreren Versuchen, beide im Boot nebeneinander Platz zu finden.

Nach den vergangenen bitteren 35 Stunden auf dem Grund des Meeres bekamen wir wieder Mut, zumal wir, wenn auch in weiter Ferne, den Gipfel eines Berges sehen konnten. Wir hatten ein Ziel!

Als es dann taghell wurde, kam plötzlich ein von einem Zerstörer ausgesetztes V-Boot auf uns zu und nahm uns auf. Wir sahen dann auch schon in der Ferne einen Zerstörer, zu dem uns das V-Boot hinbrachte.

Dort stand an der Reling bereits ein Teil der Besatzung des Zerstörers und erwartete uns.

Nachdem wir die Strickleiter hochgeklettert waren, bekam ich doch einen kleinen Schreck: Ein Teil der Matrosen trug an der Seite einen Colt! Das gab es bei unserer Marine nicht. Einen noch größeren Schreck bekam ich aber, als mir einer – ich glaube, es war ein Bootsmann – eine Zigarette reichte. Als ich zulangen wollte, zog er die Hand zurück und steckte sie sich selbst in den Mund. Oh weh, dachte ich, erkannte aber dann, daß es doch gut gemeint war. Er zündete die Zigarette an, machte ein paar Züge und steckte sie mir in den Mund. Was hätte ich denn sonst in meinem nassen Päckchen mit einer Zigarette ohne Feuer machen sollen?

Wir wurden dann zum Duschen geführt, bekamen etwas zu essen und einen Rot-Kreuz-Beutel mit Zivilkleidung. Nach und nach wurden dann auch die anderen Besatzungsmitglieder unseres Bootes an Bord gebracht. Sie glaubten wohl zu träumen, als wir sie mitten in der Zerstörerbesatzung als Zivilisten in Empfang nahmen. Alles in allem kann ich nur sagen, daß wir damals von unseren ehemaligen Gegnern sehr gut behandelt worden sind."

An Bord der „Campbell" wurden wir von einem deutsch sprechenden Matrosen betreut, der uns unter anderem erklärte, wie wir uns fortan zu verhalten hatten. Er selbst berichtete mir darüber später:

„Mein Name ist John Dohr. Ich war ein 'Third Class Officer Firecontrol Man and Range Finder Operator aboard'. Der Kapitän des Schiffes war Lieutenant James M. Robertson, ein hochgeachteter Marine-Offizier.

Die Lage war äußerst angespannt, als wir das Boot verfolgten, 'Hedgehog' und einige Wasserbomben warfen, was gewaltige Unterwasserexplosionen verursachte, und wir dadurch oft den Kontakt verloren. Wir glaubten auch, daß mehr als ein U-Boot in der Nähe war und hatten jeden Augenblick vor Augen, was mit der 'Menges' passiert war.

Unsere Wasserbomben konnten wir bis zu einer Tiefe von 600 Fuß (182 Meter) einstellen. Später wurden wir mit Wasserbomben ausgerüstet, die leichter an Gewicht waren, schneller sanken und noch tiefer eingestellt werden konnten. Wir warfen insgesamt 56 Wasserbomben auf das Boot, welches, wie wir erfuhren, 250 Meter tief auf dem Grund lag, also viel tiefer als wir erwartet hatten.

Als das Boot aufgetaucht war, schoß der französische Zerstörer 'Senegalais' Leuchtkugeln. Die 'Campbell' wollte ein Entkommen des Bootes nach Norden abschneiden. Zwei weitere Zerstörer, die 'Blankney' und 'Sustain' eilten zur Stelle, wo das Boot aufgetaucht war. In diesem Augenblick erfuhren wir, daß die 'Senegalais' torpediert worden aber noch schwimmfähig war.

Danach wurde gemeldet, daß Überlebende im Wasser schwammen, so daß wir unser 'Motor Whale Boot' ins Wasser setzten und mit anderen Zerstörern halfen, die Schiffbrüchigen zu retten. Die Gefangenen wurden an Bord gebracht und nach Schußwaffen und Messern untersucht. Sie wurden auf der Steuerbordseite mittschiffs untergebracht. Als über Lautsprecher gefragt wurde, ob jemand Deutsch verstünde, meldete ich mich. Mein Vater und meine Mutter stammten aus Österreich-Ungarn und hatten mir etwas Deutsch beigebracht."

Wir wurden dann mit einer Mahlzeit versorgt und erhielten ein Päckchen vom Roten Kreuz, das Hemd, Hosen, Socken, Schuhe und die nötigen Toilettenartikel enthielt. (Den darin befindlichen Rasierapparat benutzte ich noch im Jahre 2004!) Alles weitere lief ruhig ab, und wir konnten uns frei bewegen. So lehnte ich mich an eine Wand, um den Betrieb zu beobachten. Auf einem deutschen Schiff wäre es wohl auch so zugegangen, dachte ich.

Als ich bemerkte, wie einer der Seeleute mich aufmerksam musterte, fragte ich ihn: *„Could you, please, tell me where the washroom is?"*

Er lachte: *„Oh, you speak English?"*

Als ich wieder herauskam, hatte er auf mich gewartet, winkte mir lachend zu und führte mich herum, um mir verschiedene Räume zu zeigen. Aus einem Bücherregal gab er mir ein Buch, das Abbildungen deutscher Uniformen enthielt. Ich war überrascht, daß alle Abbildungen der Realität entsprachen, denn ich hatte eher Karikaturen erwartet. Die SS-Uniformen hatten es ihm besonders angetan.

Er führte mich weiter zum Vorschiff. Als wir am Fallreep an einem Wachposten vorbeikamen, knurrte dieser: *„Goddamn' Germans!",* worauf mein Begleiter lachte und mich gleich am Ärmel weiterzog. Er machte mich mit weiteren seiner Kameraden bekannt, die durchaus freundlich waren, besonders, wenn sie auf ihre deutsche Abstammung hinweisen konnten. Ich war doch sehr überrascht, wie locker der Betrieb hier gehandhabt wurde ohne weitere Verhaltensmaßregeln.

Über Algier nach Amerika

Eine weitere Überraschung gab es bei unserer Ankunft in Algier. Zuerst erblickte ich Fotografen und Filmkameras, die sofort auf uns gerichtet wurden. Dahinter standen kleine Gruppen amerikanischer und englischer Offiziere höheren Ranges.

Brian Whetstine berichtet darüber: *"'Campbell' und 'Pride' brachten ihre Gefangenen im Triumph nach Algier und machten bei der verkrüppelten 'Menges' fest, die schon früher vom Schlepper 'Hengist' eingebracht worden war. Die Versenkung eines U-Bootes und die Gefangennahme der Besatzung war ein großer Erfolg. Als die Geleitzerstörer in den algerischen Hafen eintrafen, wurden sie von einer großen Musikkapelle empfangen. Britische Offiziere und eine Abteilung der Army standen bereit, die Gefangenen zu übernehmen."*

Unsere Besatzung – ohne die Offiziere – wurde auf zwei Lastwagen verladen und zu einem britischen Zeltlager außerhalb der Stadt verbracht. Hier herrschte ein anderer Ton! Das Zelt, in dem wir untergebracht waren, stank nach Kamel. Der britische Kommandant sprach deutsch und unterwies unseren Obermaschinisten Joseph Rose in den Verhaltensmaßregeln. Ich selbst verhielt mich zurückhaltend.

Es dauerte nicht lange, da wurde ich in einem Jeep abgeholt und in einen von den Amerikanern besetzten Sultanspalast gebracht. Der kleine Raum, in den man mich wies, sollte früher eine der Frauen des Sultans beherbergt haben, wie mir der Posten sagte. Angenehm war, daß ich gleich die normale Essensration der GIs bekam.

Am nächsten Tag wurde ich vorgeführt. Wegen der Hitze war ich nur mit einer Sporthose bekleidet. Ich grüßte mit erhobener Hand, worauf der mir am Schreibtisch gegenübersitzende Offizier den Gruß mit einer kurzen Handbewegung an den Kopf erwiderte. Da er keine Kopfbedeckung aufhatte, kam mir diese Art des Grüßens ziemlich komisch vor.

Schräg hinter ihm, in der Ecke des Raumes, saß ein Offizier, der sehr vertieft schien in eine Zeitung vor seinem Gesicht. Wahrscheinlich hatte er ein Loch in der Zeitung, durch das er mich beobachten konnte.

Dann ging es los: Das Verhör wurde über militärische, politische und zivile Dinge geführt. Es begann mit einer harmlosen Unterhaltung. Der Offizier sprach fließend deutsch mit leichtem englischen Akzent.

"So, Ihre Frau erwartet also ein Kind? Wenn es nun ein Junge wird, wollen Sie dann, daß er auch wieder in den Krieg zieht?"

An anderer Stelle: *"Und was ist mit Euren Lagern, in denen Menschen abgeschlachtet werden?"*

Hier protestierte ich und wies auf unsere Erziehung und militärischen Vorschriften hin. Mißhandlungen standen bei uns unter schwerer Strafe.

Da hörte ich auf einmal ein ominöses Zeitungsrascheln, und aus der Ecke kam ein höhnisch klingendes Lachen.

In meiner U-Boot-Jacke hatten sie inzwischen meinen Notizkalender gefunden, in den ich die Erfolge aller zwölf Feindfahrten eingetragen hatte. Ich weigerte mich aber stur, darüber nähere Auskünfte zu erteilen.

„Ihre zehnte Fahrt war doch sehr erfolgreich! Wollen Sie mir nun sagen, bei welchem Kommandanten Sie da gefahren sind?"

„Nein!"

„Also, Schneider, wenn Sie nicht aussagen wollen, dann übergeben wir Sie einfach den Franzosen! Die sind nicht gut auf Sie zu sprechen. Wissen Sie, was die mit Ihnen machen? Die graben Sie in der Sahara bis zum Hals in den Sand ein und lassen Sie da stecken!" Er blickte auf seine Armbanduhr. *„Um 12.30 Uhr geht unser Geleit nach Amerika. Wollen Sie mit?"*

„Sie wissen, daß ich nicht aussagen darf!" Ich hatte seine Drohung ohnehin nicht ernstgenommen.

Am nächsten Morgen wurde ich hinaus auf den Hof geführt. Quer über den Hof stolzierte gerade eine gutgewachsene weibliche Gestalt in kleidsamer Uniform. Instinktiv fühlte ich, daß man mir hier etwas vorführen wollte. Kurz darauf kam ein englischer Offizier (ein First Lieutenant der Royal Air Force nach meiner Erinnerung) auf mich zu und begrüßte mich höflich in fast akzentfreiem Deutsch. Er fragte mich, ob ich mit ihm einen Spaziergang unternehmen wolle. Wir gingen also einen Weg entlang, an einigen Büschen vorbei. Rechts von uns lag ein großes Feld, auf dem einige Araber arbeiteten. *'Ob das wirklich Araber sind?',* fragte ich mich.

Der Offizier eröffnete mir, daß er erfahren hätte, daß Leipzig meine Heimatstadt sei. Er selbst hatte am Musikkonservatorium in Leipzig studiert und sprach seine Bewunderung für Beethoven, Wagner und Schubert aus. Wir unterhielten uns abwechselnd auf deutsch, französisch und italienisch. Eigenartigerweise wurde kein Wort englisch gesprochen.

Unerwartet kam dann plötzlich die Frage: *„Sagen Sie, wie kommt das: Immer wenn ich in meinem 'Hohentwiel-Gerät' ein U-Boot habe und stoße durch die Wolken, dann ist es verschwunden!"* Er sagte wörtlich „Hohentwiel-Gerät" – das war unser neues Ortungsgerät! Der Gegner hatte sicher ein entsprechendes. Ich schwieg jedesmal, wenn er darauf zurückkam.

Er bedauerte sehr, daß wir uns nun feindlich gegenüberstanden. Ich sah das genauso. Er war offenbar ein recht sensibler Mensch, und ich war sehr darauf bedacht, nichts zu sagen, was ihn verletzen könnte.

Nach vielleicht einer Stunde waren wir wieder zurück und der englische Offizier verabschiedete sich von mir. Im Hof wurde ich schon von einigen amerikanischen Offizieren empfangen. Einer wies auf mich, und ich hörte,

wie er sagte, man solle nicht so laut sprechen, da ich englisch verstünde. Damit war mein Verhör beendet. Was würde mir wohl nun blühen?
Ich kam zurück ins englische Lager. Es dauerte aber nicht lange, da wurde schon gepackt, und ab ging die Fahrt zum Hafen von Algier und von da auf einem „Liberty"-Frachter im Geleitzug nach Norfolk, Virginia, USA.

Es war Anfang Juni 1944, als wir mit dem amerikanischen Geleit gemächlich durch die Straße von Gibraltar zogen, beschützt durch Zerstörer und andere Bewacher. Mit der Unterbringung und Verpflegung waren wir sehr zufrieden. Auch die Behandlung durch die uns zugeteilten Seeleute war korrekt und später sogar freundlich.
Ich mußte urplötzlich daran zurückdenken, wie ich das erste Mal auf „U-431" mit Kapitänleutnant Dommes durch die Straße von Gibraltar gefahren war und wie sicher wir uns damals aufgrund seiner großen seemännischen Erfahrung fühlten. – Just in diesem Moment trat wieder einer jener eigenartigen Zufälle ein: In der zweiten Nacht hörten wir plötzlich eine Explosion! Von der Schiffsbesatzung wurde darüber zwar strenges Stillschweigen bewahrt. Für mich aber stand fest, daß es eine Torpedo-Explosion gewesen war. Später erfuhren wir: Ein „Liberty"-Frachter war vom nach uns ausgelaufenen „U-616", Koitschka, versenkt worden. Nur rund vier Wochen später trafen wir unsere Kameraden von „U-616" wieder – in einem Kriegsgefangenenlager in Mississippi (USA)!
Welch unglaublichen Kontrast zu unseren bisherigen Erlebnissen stellte diese Fahrt doch dar! – Ich hatte bisher schon so viele lebensgefährliche Situationen erlebt. Zwar hatten die Heimaturlaube zwischen unseren Feindfahrten immer wieder etwas für Ausgleich gesorgt, doch die innere Spannung und der ständige Gedanke an das Überleben der jeweils nächsten Fahrt war stets wachgeblieben. Hier nun jedoch auf diesem „Liberty"-Frachter, bei abwechslungsreicher, ruhiger Fahrt und strahlender Sonne über dem Atlantik, bei guter Verpflegung und gutem Einvernehmen mit unseren „Betreuern", war diese ganze Last plötzlich wie verflogen! Auch wenn gelegentlich Feueralarm gegeben wurde, worauf wir uns sofort unter Deck begeben mußten. Bei alledem verhielten wir uns so diszipliniert, daß es nicht zur geringsten Beschwerde kam.
Einmal organisierten wir sogar eine „Varieté-Schau" mit allerlei Scherzen. Ich selbst trug dazu ein paar kleine Zauberkunststückchen vor. Ein anderer Kamerad trat als die Tänzerin „La Jana", eine damals recht populäre Filmgröße, auf, wobei er sein übergeworfenes Gewand plötzlich „verlor" und die Zuschauer damit herzlich zum Lachen brachte. Jedenfalls waren alle geladenen Gäste begeistert, und der Menagenverwalter, ein Schwarzer, lachte immer wieder und brachte uns nach der Vorstellung Kartons mit so reichlich verschiedenem Gebäck, daß wir gar nicht alles aufessen konnten.

Oft luden mich die Offiziere, die zu unserer Bewachung eingeteilt waren, zur Unterhaltung ein, während sie die Ruhe und Sonne auf dem Oberdeck genossen. Für mich war dies eine gute Gelegenheit, meine Sprachkenntnisse zu erweitern. Als ich einmal bei einem Gespräch über das Wetter die Ausdrücke „waxing moon" und „waning moon" (zunehmender und abnehmender Mond) erwähnte, wußten sie damit nichts anzufangen. So dachte ich zunächst enttäuscht, daß ich wohl etwas Falsches gelernt hätte, konnte aber später herausfinden, daß die Ausdrücke doch richtig waren.

Diese Offiziere teilten mir unter anderem mit, daß wir einen Verwundeten an Bord hatten, und baten mich deshalb, ihnen verschiedene deutsche Ausdrücke auf den Medikamentenpackungen zu erklären. Ich war sehr erstaunt, als sie mir erzählten, daß Amerika jetzt vertraglich deutsche Medikamente über die Schweiz beziehe. Und tatsächlich: Im Krankenlager erblickte ich auf den meisten Verpackungen die Aufschrift „Bayer"! Ich kam aus dem Staunen nicht mehr heraus.

Der Verwundete blinzelte mich aus schläfrigen Augen an, was ich mit einem freundlichen Kopfnicken beantwortete. Vermutlich hatte er ein Beruhigungsmittel erhalten. Die Offiziere stellten keine weiteren Fragen. Wollten sie vielleicht nur meine Reaktion beobachten?

Inzwischen war es auch schon zur Gewohnheit geworden, daß ich jeden Morgen nach dem Frühstück mit immer dem gleichen Posten einen kleinen Spaziergang machte. Er informierte mich dabei stets über die neuesten Nachrichten. Zu jener Zeit wurde beispielsweise das Kloster „Monte Cassino" durch tägliche alliierte Truppenangriffe bestürmt und mit Bomben beschädigt. Er schüttelte darüber jedesmal den Kopf und konnte gar nicht verstehen, wie die Deutschen so lange durchhalten konnten. Erfreulicherweise wurden auf diesem Weg immer auch meine Kameraden mit den neuesten Nachrichten versehen.

Als wir in der Bucht von Norfolk einliefen, näherte sich uns ein Zerstörer. Durch Megaphon verständigte er sich mit unserem Schiff und gab Anweisungen zur Behandlung des Verwundeten an Bord: *„Be careful to him!"* wurde zum Schluß gerufen. – Schön, dachte ich, wenn man so viel Aufhebens um einen Verwundeten macht; er würde doch ohnehin sofort in ärztliches Gewahrsam kommen.

Gleich nach dem Festmachen ging es durch die Kontrolle. Der Posten war nicht sehr interessiert an meinen Utensilien. Als er aber die Fotos von meiner Hochzeit entdeckte, nahm er sie mir weg und antwortete auf meinen Protest, ich könne sie später wieder reklamieren. – Ich wollte ihm dies natürlich nicht recht glauben, und doch behielt er recht: Als ich nach beinahe fünfzig Jahren bei den „National Archives" in Washington, DC, Unterlagen über unser Boot „U-371" bestellte, erhielt ich über 200 Seiten Berichte, darunter zu meiner freudigen Überraschung 72 Fotokopien der Aufnahmen von meiner Hochzeit vom April 1945, zugestellt!

Nach kurzem Aufenthalt in Norfolk ging es mit der Fähre nach New Port News auf der gegenüberliegenden Seite. Das Gebäude, in welchem wir untergebracht wurden, war zwar nur mit dem Nötigsten ausgestattet, aber sauber. Unser Wachposten hielt sich meist mit uns auf dem Balkon auf. In einiger Entfernung war ein niedriger Zaun, und dahinter erblickten wir einige Uniformierte und Frauen, die uns durch Ferngläser beobachteten. – So interessant waren wir?

Gleich nach der ersten Mahlzeit kam ein Sergeant herein und fragte nach meinem Namen: *„Man hat mir gemeldet, du hättest die Aufsicht über diese Leute!"* – Davon wußte ich allerdings gar nichts! Aber ich konnte mich gut mit ihm verständigen. Ich solle ihm alles sagen, was wir bräuchten, meinte er. Von dieser Höflichkeit angenehm überrascht, beschränkte ich mich zunächst auf das Nötigste. Als ich dann aber sah, daß er sich unsere Wünsche alle notierte, legte ich noch einiges zu.

Wir konnten letztlich reichlich von seinem Angebot Gebrauch machen. So wurde beispielsweise meine Schuhgröße festgestellt, und als er mit seinem Privatauto vom Einkauf zurückkam, wurde ich mit einem Paar erstklassiger Halbschuhe überrascht! Diese wurden mir dann leider viele Wochen später – nach meiner Flucht aus dem Gefangenlager – von der Army konfisziert. Meine Häscher konnten gar nicht verstehen, wie ich so etwas Gutes von der Navy geschenkt bekommen hatte.

Auf der Überfahrt waren unsere Offiziere stets von uns getrennt gewesen. Hier aber konnten wir gelegentlich mit ihnen in Verbindung treten. Unser Kommandant meinte, wir sollten uns von all diesem Aufwand nicht blenden lassen, das täten sie nur, um uns zu imponieren. Daß die Wachleute zum Beispiel draußen mit dem Auto abgelöst wurden, war aber hier tatsächlich allgemein üblich, wie wir in späteren Lagern feststellten.

Im „POW Camp McCain" in Mississippi

Bald darauf wurden wir in ein Kriegsgefangenenlager (POW Camp) nach Washington, DC, verlegt. Hier waren wir mit Gefangenen verschiedener Waffengattungen vereint. Gerade zu jenem Zeitpunkt kamen die ersten Meldungen von dem Einsatz unserer V-Waffen durch die Nachrichten. Das sorgte natürlich für Aufregung und auch eine gewisse Hochstimmung!

Meine Stimmung wurde allerdings etwas gedrückt, als ich ein Zahngeschwür bekam. Im Krankenrevier behandelte mich ein jüdischer Arzt in ausgesprochen ruhiger und legerer Weise. Jedesmal hatte er eine halbgerauchte Zigarette auf der Unterlippe kleben, auch beim Sprechen. Wie ich auch von anderen Patienten erfuhr, verordnete er stets nur heiße oder eiskalte Umschläge. Ich war mit heiß dran, was tatsächlich zur Heilung führte.

Unsere Besatzung wurde bald abgesondert und mit der Eisenbahn und dem Autobus in ein Lager in Mississippi verbracht. In den bequemen Pullmanwagen hatten wir reichlich Platz und konnten auch von den neugierigen Augen Mitreisender bestaunt werden.

St. Louis mit seinem großen Rangierbahnhof war unser erster großer Aufenthalt. Hier erhielt ich erstmals den Eindruck, daß wir uns in einer völlig anderen Welt befanden. Das bunte Völkergemisch, darunter verhältnismäßig viele Schwarze, und die lockere Art, wie sie sich bewegten, vermittelte mir doch ein anderes Bild, als wir es in Europa kannten. Es sah auch alles so friedlich aus!

Grenada in Mississippi war unsere Endstation. Von da ging es zum „Prisoner of War Camp McCain". Es war für Angehörige der Marine vorgesehen, und wir wurden hier zunächst zusammen mit den Offizieren untergebracht. Wir Gefangenen waren alle Marineangehörige. Hier aber unterstand die Lagerführung der Army, was nicht mehr das gewisse Zusammengehörigkeitsgefühl wie bei der Navy zur Folge hatte.

Nach einer feurigen Ansprache des deutschen Lagerführers und mit einem dreifachen „Sieg Heil!" wurden wir bald in ein abgetrenntes „Compound" (Teillager) überwiesen. Hier waren bereits Marineangehörige verschiedener Einheiten anwesend. Dank der guten Verpflegung aus eigener Küche, etwas Kantinengeld und durchaus ansprechenden Darbietungen mit Musik, Theater und Sport hatten wir uns schnell eingewöhnt.

Nun wurden wir aufgefordert, uns für Arbeitskommandos registrieren zu lassen. Vom Unteroffizier an aufwärts brauchte man als Gefangener gemäß der Genfer Konvention eigentlich nicht zu arbeiten. Doch die Amerikaner bestanden darauf und es kam dadurch rasch zu Auseinandersetzungen, so daß wir von den Mannschaften getrennt in ein anderes „Compound" verlegt wurden. Als Begründung hieß es, wir würden durch unser Verhalten die Mannschaftsgrade verderben.

Jedoch hatten wir keinen Grund zur Beschwerde. Wir erhielten unsere eigene Küche und ausreichend Gelegenheit zu Sport und Unterhaltung.

Ich hatte darüber hinaus sofort damit begonnen, interessierten Kameraden Englisch-Unterricht zu erteilen. Als das Interesse daran wuchs, kam ich auf die Idee, weitere Klassen einzurichten und einen Lehrplan für zusätzliche Unterrichtsfächer aufzustellen. Und siehe da: Es gab doch immer wieder Kameraden unter uns, die auf irgendein Fach spezialisiert waren und freudig mein Angebot annahmen, Unterricht zu erteilen.

Ich war damit automatisch zum Unterrichtsleiter für unser „Compound" geworden. Bald schon gab es ein breites Angebot an akademischen und praktischen Kursen bei uns: Insgesamt hatten wir es auf 36 Lehrgänge gebracht! Darunter hatte ich auch einen Abiturlehrgang, unterteilt in einen akademischen und einen praktischen Zweig, eingerichtet. Diesen Lehrgang leitete ich und nahm gleichzeitig auch als Schüler daran teil.

Zwei Unterrichtsbaracken richteten unsere Handwerkern für unsere Kurse her. Mit der amerikanischen Lagerführung hatte sich inzwischen ein freundliches Verhältnis herausgebildet, und so durfte ich sogar sonntags Akademiker aus dem Offizierslager für Vorlesungen kommen lassen.

Ich war nun völlig eingespannt und hatte auch meine wahre Freude daran. Unsere Kameradschaft und das Verhalten aller Beteiligten an meinem Unterrichtswerk waren vorbildlich, und es spielte keine Rolle, daß ich, mit Obersekundareife und als Funkmaat, unter meinen Lehrkräften und Schülern Dienstgrade bis zum Oberfähnrich und Vortragende bis zum Oberstabsarzt hatte. Sie alle wußten, wie ich mich für das Zustandekommen des Unterrichtswerks eingesetzt hatte.

Und dennoch wurde von höheren Dienstgraden bei den Amerikanern durchgesetzt, daß ich einen offiziellen Unterrichtsleiter („Director of Studies") vorgesetzt bekam! Doch das störte mich nicht. Mit dem neuen Unterrichtsleiter verband mich bald ein kameradschaftliches Verhältnis.

Ich setzte meine Arbeit unverändert weiter fort, während der neue Unterrichtsleiter, Obermaschinist Terinte, die Verbinung zu den Ameikanern wahrnahm. Lieutenant Degenhard, sein amerikanischer Verbindungsoffizier, war jüdischer Abstammung, sprach fließend deutsch, und redete Terinte sogleich vertraulich mit „Du" an. Terinte hingegen sagte stets zurückhaltend „Herr Leutnant" zu ihm.

Für uns war es amüsant zu beobachten, wie sich beide immer wieder in Streitereien verwickelten. Vor allem wollte Degenhard uns immer wieder unerwünschte Literatur aufdrängen, was Terinte aber strikt ablehnte. Das Angenehme war jedoch, daß keiner der beiden nachtragend war. Im Gegenteil: Degenhard war stets freundlich, wenn er zu uns ins Lager kam.

Die allgemeine Stimmung war gut. Etwas heiter wurde es einmal, als nach einer Prüfungsarbeit in Latein die mathematische Klasse besser abgeschnitten hatte als die akademische Klasse. Mathematik erzieht doch zu logischem Denken, ebenso wie Latein! War das Ergebnis also verwunderlich?

Auch einen Klassenabend für beide Abiturklassen organisierten wir und luden dazu den Oberstabsarzt und den Lagerzahnarzt ein. Es gab schmackhafte Imbisse aus unserer Küche, Kaffee, Kuchen, Bier und nicht zuletzt einen erstklassigen Eierlikör, den uns unser Chemielehrer als gelernter Gärungschemiker – vebotenerweise – gebraut hatte.

Ich wurde gleich zu Beginn geehrt, indem man mir eine Kuhglocke umhängte und mich zum Leithammel erklärte. Welche Ehre!

Eine Bierzeitung, von drei Schülern zusammengestellt, enthielt viele lustige Vorkommnisse in Form von Anzeigen oder Gedichten. Die Stimmung war wirklich unvergeßlich einmalig! Um 22.00 Uhr war Lagerruhe, aber um Mitternacht waren wir immer noch am Feiern, bis dann schließlich der Lagerführer behutsam an die Hintertür klopfte und uns darauf aufmerksam machte, daß der Posten uns entdecken könnte.

Natürlich gab es gelegentlich auch etwas Aufregung, wenn jemand versucht hatte, zu entkommen. Doch nur wenigen war es letztlich gelungen, aus dem Lager zu entfliehen. In der Regel kamen sie nicht weit und wurden schon nach kurzer Zeit wieder ins Lager zurückgeholt. Entweder flüchteten die Ausreißer während eines Arbeitskommandos außerhalb des Lagers oder sie versteckten sich nach Spielende auf dem Sportplatz und brachen dann bei Nacht durch den Zaun.

Meine Flucht aus dem Lager

Auch mich faszinierte der Gedanke auszubrechen. Ich hoffte, dabei zunächst bis nach Memphis, etwa 120 Kilometer entfernt, zu gelangen. Mein Barackennachbar, unser Maschinenmaat Helmut Höher, war sofort zu dem Wagnis bereit. Einen weiteren Kameraden, Werner Huch, hatte ich ebenfalls von der Idee begeistert, und er wollte sofort mitmachen, zumal er früher schon einmal in den Staaten gewesen war und eine Verwandte in Cincinnati, Ohio, hatte. Dorthin wollte er mit dem Ölzug gelangen.

All die umständlichen Vorbereitungen, wie sie bisher von anderen Kameraden getroffen worden waren, kamen für uns überhaupt nicht in Frage. Werners Idee war, wir sollten nach Mitternacht direkt durchs Haupttor brechen, so würde es am schnellsten gehen. – Verrückt?

Angespannt saßen wir drei deutschen Kriegsgefangenen – Werner Huch, Helmut Höher und ich – auf einer Bank vor der Leinwand des Lagerkinos. Die Vorführung war soeben beendet und die Kameraden drängten schon hinaus. Dieses Gedränge nutzten wir aus, um uns nacheinander ungesehen in einem großen leeren Kohlekasten zu verstecken. Dort warteten wir, bis alles ruhig war. Wegen des hellen Mondscheins durften wir uns nicht bewegen, wenn wir uns nicht verraten wollten.

Vorsichtig lüfteten wir ab und zu den Deckel. Dann sprang Werner Huch als erster über den Weg zum Lattenzaun und zu den beiden Drahtzäunen. Etwa zehn bis zwölf Meter vom Wachhäuschen entfernt schnitt er rasch je ein Loch in beide Zäune.

Als alles ruhig blieb, sprang ich gleich als nächster hinterher und duckte mich hinter den Lattenzaun. Da hörte ich plötzlich den Sergeanten prusten! Mit einem Satz hastete ich über den Rasenstreifen zum nächsten Zaun, warf mich auf den Boden des flachen Grabens und blickte in das etwa fünf Meter entfernt stehende Wachhaus.

Da landete auch schon Helmut – viel zu früh! – neben mir. Es fuhr mir durch Mark und Bein, als ich nun sah, wie der Posten von innen ans Fenster trat. Er hätte uns von dort aus direkt sehen können! Als ich jedoch bemerkte, daß sich der Posten lediglich die Haare kämmte, zögerte ich keine Sekunde: „Los, raus!" rief ich kurz und wir beide schlängelten uns blitzschnell durch das Loch im Zaun, rasten über die Fahrstraße und sprangen ins meterhohe Gras der gegenüberliegenden Wiese.

Und schon spazierten wir im hellen Mondlicht auf der Straße, die durch den Wald nach Grenada führte! Hier trafen wir wieder auf Werner, der auf uns gewartet hatte. Mit einem unbeschreiblichen Gefühl der Befreiung spazierten wir laut singend gemeinsam weiter in Richtung Grenada.

Da bog plötzlich aus einer Nebenstraße ein Lastwagen ein. Werner fragte den Fahrer, einen Schwarzen: *„Could we get a ride?"* – Und tatsächlich: bis kurz vor Grenada fuhren wir mit! Beim Aussteigen sagte ich zum Fahrer dann höflich *„Thank you!",* worauf jener etwas ungläubig lächelte und Werner mich sogleich ermahnte: *„Sei vorsichtig! Hier sagt man nicht 'Thank you' zu einem Schwarzen!"*

Auf dem Highway 51, der von New Orleans nach Chicago führt, marschierten wir dann an Grenada vorbei. Da ich meine fast noch neuen Schuhe anhatte, bekam ich leider schon bald Blasen an den Füßen. Glücklicherweise gelang es uns aber noch zwei weitere Male, von freundlichen Farmern im Auto mitgenommen zu werden. – Soweit hatten wir mit unserer Flucht Erfolg gehabt!

Spät abends entschlossen wir, uns schlafen zu legen. Keine hundert Meter von der Straße entfernt sammelten wir Holz und machten damit ein Feuer. Dies war natürlich ziemlich unvorsichtig und gefährlich, denn in der Nähe standen ein paar ärmlich aussehende Häuschen.

Da wir sehr hungrig waren, beschlossen wir, bei der nächsten Farm ein Huhn zu stehlen. Helmut sollte es als erster versuchen. Er kam jedoch schon bald zurück, weil alle Hühner laut zu gackern begonnen hatten und er deshalb Angst bekam, entdeckt zu werden. Unser Hunger war aber so groß, daß nun ich loslief, um mein Glück zu versuchen. Ich schlich mich also vorsichtig an das Hühnerhäuschen, schnappte mir schnell ein Huhn und rannte eilig zurück. So gut wir konnten, bereiteten wir den Vogel zu und rösteten ihn über dem Feuer. Frohgestimmt sangen wir dabei das Lied „Flamme empor!" und verzehrten unser ziemlich zähes Huhn mit großem Appetit.

Um 6 Uhr morgens verabschiedete sich Werner Huch von uns, um auf den Ölzug zu springen, der um diese Zeit hier vorbeikommen mußte. Wie wir später erfuhren, hatte er es geschafft, bis nach Cincinnati zu gelangen.

Wir beide, Helmut und ich, marschierten bei spärlichem Verkehr alleine auf der Autostraße weiter, bis es schließlich zu regnen begann. Bei einem nahegelegenen Häuschen stellten wir uns kurzerhand auf der Veranda unter. Der Bewohner, ein älterer Schwarzer, kam heraus, nickte uns freundlich zu und sagte etwas, was ich leider nicht ganz verstehen konnte.

Ich erzählte ihm, daß wir auf dem Weg nach Memphis seien und fragte nach der Uhrzeit. Er zeigte nach Norden und sagte: *„Oakland is the town."* (Oakland ist die Stadt). Er hatte statt „time" wohl „town" verstanden. Da beendete ich die Konversation.

Plötzlich ging die Tür auf und ein Mädchen, wahrscheinlich seine Tochter, erschien in ihrem Nachthemd. Ohne uns anzusehen ging sie zur Treppe, spuckte in hohem Bogen über das Geländer und ging dann wieder zurück ins Zimmer. Wir waren etwas überrascht, aber niemand sagte ein Wort.

Als es endlich wieder aufgehört hatte zu regnen, setzten wir unseren Marsch unbekümmert fort. Die Blasen an meinen Füssen schmerzten inzwischen so sehr, daß ich die Schuhe ausziehen mußte. Ich hing sie mir über die Schulter und lief barfuß weiter. Obwohl nur wenig Verkehr herrschte, wollten wir natürlich nicht auffallen. Deshalb lief Helmut vor mir, wenn ein Auto von vorn kam, und hinter mir im umgekehrten Falle. So würden wir wohl kein Aufsehen erregen, dachten wir.

Es war nun bereits Mittagszeit und die Sonne blickte wieder durch die Wolken. Wir erreichten bald eine Ortschaft auf der linken Seite der Straße. Es sah alles so friedlich aus. Der Schulunterricht war wohl gerade beendet, denn es kamen mehrere lachende Kinder den Abhang heruntergerannt. – Unweigerlich mußte ich daran denken, wie es bei uns in Deutschland aussah: Wie unsere deutsche Jugend mit ernsten Gesichtern im Gemeinschaftsdienst mithalf und wie schon gerade einmal 15jährige Jungens bei Fliegerangriffen Hilfsdienst an den Geschützen leisten mußten. Und hier bot sich mir ein Bild des tiefsten Friedens!

Wir kamen an ein Restaurant. Hungrig und neugierig, was uns wohl erwarten würde, wenn wir zum ersten Mal ein amerikanisches Restaurant betraten, sagte ich freundlich *„Good Morning!"* – Die Dame hinter der Theke sah uns freundlich an und frage in fließendem Englisch, aber doch mit deutschem Akzent, ob sie uns ein Frühstück zubereiten könne. Es wunderte mich, daß sie keinerlei Argwohn hegte. Sie zeigte auf die Speisekarte auf dem Tisch, und zu meiner Überraschung fand ich darin das deutsche Wort „Hamburger", hatte aber keine Ahnung, was das sein sollte. Egal! Ich bestellte zwei Hamburger und zwei Tassen Kaffee! Wir wurden höflich und korrekt bedient und ich spürte immer noch keinen Argwohn. Jetzt fühlte ich mich ganz sicher und unterhielt mich in wenigen Sätzen mit der freundlichen Bedienung, während sie mir das Wechselgeld zurückgab. Nicht ganz sechs Dollar waren nun unser Besitz.

Erleichtert und zufrieden und überzeugt, daß wir wieder einmal sehr klug gehandelt hatten, setzen wir unseren Marsch fort. Und weil die Blasen nicht mehr schmerzten, hatte ich auch meine Schuhe wieder angezogen. Nun ging es frohgemut weiter voran! So wanderten wir in die Abenddämmerung hinein, die sich recht schnell in eine stockdunkle Nacht verwandelte. Wir hatten keine Ahnung, wie weit wir von Memphis entfernt waren, doch unsere gute Stimmung war ungebrochen, hatten wir doch bisher nicht die geringste Unannehmlichkeit gehabt! Irgendwie würden wir auch diese Nacht durchstehen, und noch hatten wir ja auch etwas Geld, um uns etwas Eßbares zu kaufen.

Wieder eingefangen!

Plötzlich nahmen wir in einiger Entfernung hinter uns die Scheinwerfer eines sich nähernden Fahrzeugs wahr. Ich ging schnell zur Mitte der Fahrbahn und hob die Hand zum Haltezeichen. Ein großes Fahrzeug fuhr rechts heran und hielt. Zu meinem großen Erstaunen leuchtete die Innenbeleuchtung eines Busses auf!

Ohne nachzudenken stiegen wir ein, und ich sagte dem Fahrer, daß wir nach Memphis wollten. Die Fahrtkosten jedoch überstiegen unser Vermögen. Ich bezahlte deshalb nur bis eine Station vor Memphis.

Helmut hatte sich inzwischen in das völlig leere hintere Abteil begeben. Da drehten sich die Fahrgäste schlagartig nach ihm um, und ich merkte, daß irgend etwas danebengegangen war! Auch der Fahrer drehte sich um und bedeutete Helmut, daß er sich wieder nach vorn begeben müsse. Ich erhielt etwas Wechselgeld zurück sowie unsere zwei Fahrscheine.

Niemand schien sich weiter um uns zu kümmern, bis auf einen Sitznachbar in der Reihe neben uns. Er stellte eine Frage an Helmut, der aber nur eine ausweichende Antwort gab und behauptete, er habe Kopfschmerzen. Doch so leicht ließ sich dieser neugierige Fahrgast nicht abspeisen! Er wandte sich sofort an mich, lächelte und fragte interessiert nach unserem Vorhaben. Ich antwortete, daß wir von New Orleans kämen und für eine Anstellung in Memphis vorgemerkt seien.

Der Bus war inzwischen in eine Seitenstraße abgebogen, und ich ahnte, daß gleich irgend etwas geschehen würde. Vor einem Postamt hielt er an, und der Schaffner ging eilig hinein. Mir war klar: Er telefoniert! – Gleich darauf fuhren wir weiter, mitten auf den Platz einer Tankstelle, die taghell von Jeep-Scheinwerfern erleuchtet war.

Zwei GIs kamen angerannt, rissen die Tür auf und verlangten: *„Identification!"* – Ich zeigte meine Fahrkarte vor. – *„Okay, come on!"* Und schon saßen wir in einem Jeep, der für uns beide bereitstand. Der Sitznachbar aus dem Bus winkte mir noch lachend zu.

Como hieß die nächste Ortschaft, und danach war auch das Gefangenenlager für Soldaten der deutschen Luftwaffe benannt, in das wir eingeliefert wurden.

Es dauerte nicht lange, da wurde ich in ein Zimmer geführt, wo mich ein FBI-Kommissar aus Memphis betont freundlich begrüßte und mir sogar eine Zigarre anbot. Ob in Memphis Mädchen auf uns gewartet hätten, wollte er wissen. Ich verneinte. Er interessierte sich sehr für alle Einzelheiten unseres kurzen Abenteuers, und ich sah keinen Grund, ihm etwas zu verheimlichen. Als ich ihm aber schilderte, wie wir durch das Haupttor ausgebrochen waren, hob er die Hand und lachte: *„No, no!"* Das wollte er dann doch nicht glauben.

Bis jetzt konnten wir mit unserer Behandlung hier recht zufrieden sein. Am Morgen brachten uns zwei Kameraden von der Luftwaffe ein herzhaftes Frühstück, durften aber nicht mit uns sprechen. Und um die Mittagszeit holte uns dann überraschend unser Lagerpfarrer aus „Camp McCain" in seinem Privatwagen ab. Bei sehr angeregter Unterhaltung erlebten wir nun noch einmal den Anblick unserer Fluchtstrecke.

Ich mußte innerlich grinsen, als ich beim Eintreffen in unserem Lager sah, wie der Lagerkommandant einer Gruppe von Offizieren und Wachpersonal am Haupttor einen Vortrag hielt und dabei wiederholt auf die Löcher in den beiden Zäunen zeigte. Nun waren wir doch ein wenig stolz! Auch zeigte uns dies, daß nichts verraten und die Lagerführung offenbar erst kürzlich von unserer Flucht unterrichtet worden war. Beide Male hatten unsere Kameraden es geschafft, bei der Morgenzählung dem amerikanischen Offizier eine vollzählige Kompanie vorzutäuschen.

Ausgerechnet von dem Leutnant, mit dem mich, wenn man das so sagen kann, eine gewisse gegenseitige Achtung verband, wurde ich nun vernommen. Er saß mir gegenüber, sah mich aber nicht an. Er las mir lediglich das Urteil vor: *„14 Tage bei Wasser und Brot!"* Soundsoviel Unzen Brot, und Wasser so viel ich trinken mag.

Am nächsten Morgen brachte mir unser Obermaschinenmaat Labuske meine Brotration. Der Posten stand in einiger Entfernung hinter ihm und sah nicht – oder wollte vielleicht nicht sehen –, wie aus Labuskes Pullover eine gute Portion Wurst und gekochtes Fleisch purzelten. Welch eine Freude! Mit Helmut hatte ich hingegen leider keinen Kontakt, da wir getrennt untergebracht wurden.

Immerhin fand ich nun zwei Wochen Zeit zum Nachdenken über mein bisheriges Schicksal. Zwölf Feindfahrten mit vielen Gefahren hatte ich überstanden und die Gefangenschaft bisher erstaunlich gut überstanden.

Wie war das mit der Besatzung von „U-431" und Kapitänleutnant Dommes gewesen? Plötzlich sah ich wieder all die Kameraden vor mir, in unverbrüchlicher Kameradschaft, wie ich sie bisher noch nie erlebt hatte. Und dann 1943 die erschreckende Nachricht: *„'U-431' – Totalverlust!"* Und ich war davongekommen!

Im Mai 1944 lag ich mit Oberleutnant zur See Fenski in 240 Meter Tiefe in verzweifeltem Kampf ums Überleben – und wurde nur durch unwahrscheinliches Glück gerettet.

Und nun in Gefangenschaft? Wie wird es wohl hier weitergehen?

Am schwersten bedrückte mich der Gedanke an Anita. Jetzt müßte es doch bald soweit sein mit der Geburt unseres Kindes! Unter welchen Verhältnissen lebten sie wohl jetzt in der Heimat, wo die Front im Osten immer näherrückte, der Bombenhagel auf deutsche Städte unvermindert anhielt und im Westen mit einer Invasion gerechnet werden mußte?

Anita mit Töchterchen Anke (ca. 1945/46)

Nachdem ich die 14 Tage abgesessen hatte, widmete ich mich wieder unverzüglich unserem Schulbetrieb. Da erhielt ich im Oktober 1944 mit der Gefangenenpost einen Brief von Anita mit der Nachricht von der glücklichen Geburt unserer Tochter Anke. Später folgte noch ein Bild, auf dem mich Anita unverändert gutaussehend und die blauen Augen eines kleinen Blondschopfs anblickten. Nein, gefeiert wurde deswegen nicht. Ich behielt die glückliche Nachricht für mich und sprach nur mit meinen allerengsten Freunden darüber.

Ansonsten verlief unser Lagerleben hier ruhig und unterhaltsam mit Kinovorstellungen, Theateraufführungen, Vorträgen, einem Boxkampftag, Fußball- und Handballspielen. Ich hatte angeregt, ein Schwimmbecken zu bauen, was aber trotz sorgfältiger Planung leider nicht verwirklicht werden konnte.

Abends hörte ich regelmäßig im Rundfunk klassische Musik. Nachrichten aus Deutschland durften wir hingegen nicht hören. Dieses Verbot versuchten wir natürlich zu umgehen. Wir schlichen uns dazu nachts auf dem Bauche kriechend zu einem in der Kantine aufgestellten Rundfunkempfänger und wollten dort den abgetrennten Kurzwellenteil wieder anschließen. Allerdings erwies sich dies leider als zu umständlich und riskant. Also bauten wir unser Radio eben selbst! Auswärts arbeitende Kameraden hatten nach und nach einzelne Radioteile ins Lager geschmuggelt, die wir zu einem funktionierenden Kurzwellenempfänger zusammenbasteln konnten.

Am Weihnachtsabend holten mich meine Freunde zur Baracke, in der unser Empfänger versteckt war. Hier hörte ich noch den letzten Teil der Weihnachtsansprache von Dr. Goebbels und anschließend schöne Weihnachtslieder, gesungen von den klaren Stimmen eines Mädchenchores. Als ich diese schönen Stimmen und Lieder zu hören bekam, ging es mir doch sehr nahe.

Um jene Zeit war die Ardennenoffensive – unser letzter großer Gegenschlag – erfolgt, und neue Hoffnung keimte in uns Gefangenen auf. Auch unser Wachpersonal ließ diese völlig überraschende Offensive nicht unberührt, und einige GIs vertrauten uns an, daß sie ja auch irgendwie deutscher Abstammung seien. Das führte letztlich dazu, daß im Lager plötzlich ein schärferer Ton angeschlagen und das Wachpersonal durch neue Soldaten ersetzt wurde.

Im April wurde außerdem noch eine Bekanntmachung angeschlagen, in der es unter anderem hieß, daß *„Hitler-Feiern (...) and similar monkey pieces"* (wörtlich: „... und ähnliche Affenstückchen") bei Strafe verboten seien. Das hielt aber ein paar Unentwegte in unserem Lager nicht davon ab, am 20. April abends hinter einer Baracke trotzdem ein Lagerfeuer zu machen und mit Gedenksprüchen und dem Absingen von Volks- und Kampfliedern eine Feierstunde zu veranstalten. – Die Antwort darauf erfolgte umgehend: Wir mußten unsere Sachen packen und sollten abkommandiert werden!

Umerziehung und Schikane im „Camp Elkas"

Das Aussehen jener Gestalten, gegen die unser Wachpersonal diesmal ausgewechselt wurde, ließ nichts Gutes erwarten. Als wir mit unserem Gepäck am Haupttor ankamen, stand uns ein Jeep mit auf uns gerichtetem MG gegenüber. Mehrere GIs mit Karabinern und aufgepflanztem Bajonett liefen auf uns zu und trieben uns schreiend an: *„Come on, Superman! Let's go!"*

Vor einer Baracke wurden wir zusammengedrängt. Wer zurückblieb, erhielt Bajonettstiche. Die Baracke war äußerst primitiv eingerichtet. Es gab nichts zu essen, und wir wurden nochmals aufgefordert, Arbeit anzunehmen. Schließlich mußten wir, um Schlimmeres zu verhindern, einwilligen. Wir waren ja völlig schutzlos!

Auf Lastwagen wurden wir von Grenada aus quer durchs westliche Mississippi über Greenwood und Greenville nach „Camp Elkas", einem Zeltlager unweit des Mississippi-River, verfrachtet. Hier waren vor uns Gefangene des Afrikakorps einquartiert gewesen, die auf Farmen arbeiten mußten. – Konnte das für uns nicht eine interessante Abwechslung werden?

Ohne große Schwierigkeiten stellten wir uns von unserer guten alten Barackenunterkunft auf das neue unwirtliche Zeltlager um. Fünf Mann bewohnten ein Zelt, gemeinsamer Aufenthalt fand nur in einer Baracke statt. Wasch- und Duschraum waren primitiv, aber gerade ausreichend.

Am nächsten Tag setzte ich mich zusammen mit ein paar Freunden in einem Gemeinschaftsraum zusammen, der über eine Sprechanlage mit Übertragung verfügte. Da wir neue Schallplatten zur Verfügung hatten, legte ich – gewissermaßen zur Eröffnung – Beethovens „Missa Solemnis" auf, der wir in gedrückter Stimmung lauschten. Dann überlegten wir, wie wir hier das Unterrichtswesen weiterführen wollten.

Aus dem Hauptlager in McCain traf inzwischen ein Paket mit Unterrichtsmaterial sowie ein Film über deutsche Konzentrationslager ein. Ziemlich überrascht war ich, als ich in dem uns zugeteilten Kursleiter einen ehemaligen Kameraden aus dem Jungvolk der Hitlerjugend erkannte. Wir hatten vor zehn Jahren beide an der Großfahrt 1935 teilgenommen. Damals trug er an seiner Uniform stolz den Traditionsstreifen als Zeichen, daß er „Alter Kämpfer" war. Und nun kam er mit all diesem Material, um uns über die „Verbrechen des Nazi-Regimes" aufzuklären!

Der Film war allerdings alles andere als geeignet, um uns überzeugen zu können. Als zum Beispiel ein zerbombtes Haus mit davorliegenden Leichen gezeigt wurde, erkannten einige Kameraden sofort, daß es sich dabei ganz offensichtlich um eine Aufnahme nach einem alliierten Bombenangriff handelte, also sicher kein „Naziverbrechen" dokumentierte. Die ebenfalls anwesenden GIs aber waren sehr erstaunt über soviel Ungläubigkeit.

Für mich hatte es aber auch Stoff zum Nachdenken gegeben. Der uns nunmehr zugewiesene „Instrukteur" übernahm den Posten als Unterrichtsleiter und ich wurde sein Stellvertreter. Wir blieben beide auf kameradschaftlicher Basis.

Hier in „Camp Elkas" hatten wir zweifellos den bisherigen Tiefpunkt unserer Gefangenschaft erreicht.

Von einem Farmer vorgebrachte Beschwerden hatten für uns Gefangene zum Beispiel regelmäßig „coal pile" („Kohlehaufen") zur Folge. Bei dieser Strafe mußten die Gefangenen sich gegenseitig im Eiltempo Kohlen zuschaufeln und wurden dabei von den Soldaten mit Zurufen und gelegentlich auch mit Bajonettstichen angetrieben.

Man erzählte sich, daß der Sohn des Captains als Besatzungssoldat in Deutschland seinem Vater von einer Besichtigung des Konzentrationslagers in Buchenwald berichtet hätte. Auch bei kleinen Vergehen ordnete der Captain fortan selbst die Bestrafungen an und drohte dabei mit den Worten: *„You know Buchenwalde?"*

Die Verpflegung war ebenfalls drastisch herabgesetzt worden, so daß wir alle stark abmagerten. Ich selbst verlor gut vierzig Pfund.

Unsere schreckliche Behandlung hatte sich irgendwann bei der Bevölkerung herumgesprochen, und so statteten bald darauf einige katholische Priester unserem Lager einen Besuch ab. Diesen zeigten wir eine Hose mit Bajonetteinstichen. Von jenem Tage an war endlich wieder etwas Ruhe eingekehrt, und es gab nach meiner Erinnerung keine Bestrafung mehr.

Die Hauptarbeit, die wir zu verrichten hatten, war das Pflücken reiner Baumwolle. An einem Riemen um den Hals schleppten wir einen langen Sack mit, den wir mit bis zu 150 Pfund reiner Baumwolle vollstopfen mußten. Das war bei der unterschiedlichen Qualität der Felder nicht immer zu schaffen, und so hing es stets vom Farmer ab, ob er diesen Nachteil berücksichtigte oder sich über das Nichterfüllen des Quantums beschwerte.

Dann kam der Abend, an dem wir an einem Lautsprecher stehend die Kapitulation der Deutschen Wehrmacht miterleben mußten. Nun gab es wohl keine Hoffnung mehr!

Deutschland wurde in eine amerikanische, englische, französische und russische Zone aufgeteilt. Meine Heimatstadt Leipzig sowie Anitas Geburtsort Löwenberg wurden der Sowjetzone zugeteilt. Wie würde sich die Besetzung Deutschlands für unsere Angehörigern auswirken?

Abwarten, dachte ich. Warum sich schwere Gedanken über die Zukunft machen! Deutschland sollte ja, nun von der „Hitler-Tyrannei" befreit, unter der Obhut der Alliierten als freies, demokratisches Land wieder aufgebaut werden, wurden wir belehrt.

Nachdem ich auf verschiedenen Farmen harte Arbeit abgeleistet hatte, wurde ich eines Morgens mit zwei meiner Kameraden von einem Farmer in seinem Privatwagen abgeholt. Er freute sich, sagte er, daß er sich so gut mit mir unterhalten könne, und wollte vieles über Deutschland wissen. Er erzählte mir, daß er Pazifist sei und wolle, daß wir anständig behandelt würden. So bekamen wir von seiner freundlichen Frau mittags zu unseren dünnbelegten Broten aus dem Lager stets eine Zulage, meist in Form von Maiskuchen. Die Farm lag nahe am Mississippi-River, unweit einer Ortschaft namens Mayersville.

Zu unserer Arbeitsstelle – einem großen Feld mitten im Urwald – fuhren wir mit einem Traktor und einem Tafelwagen, der von zwei Mauleseln gezogen wurde. Zunächst sollten wir einen Bach überqueren, dessen Brücke aber zerstört war, so daß wir erst Holz fällen mußten, um einen Übergang zu bauen. Die Hitze in dem dichten Wald war kaum erträglich. Bei jedem Beilhieb lief mir der Schweiß in Strömen im Gesicht und am Körper herunter. Dazu gab es auch noch Bäume von derart harter Holzart, daß das Beil jedesmal am Stamm abglitt, wenn ich zuschlug.

Der Bach war eine dunkle Wassermasse, die sich langsam dahinwälzte. Als wir einmal in die Hände klatschten, sprangen von beiden Seiten eine große Anzahl Schildkröten, Schlangen und anderes Getier ins Wasser.

Das ausgedehnte Haferfeld war ringsum vom Urwald eingeschlossen. Der Traktor mit Kombimaschine diente zum Mähen und Füllen der Säcke mit Hafer. Diese wurden dann auf den Wagen geladen, der von den beiden Mauleseln gezogen wurde.

Auf dem Feld verteilt wuchs eine Anzahl kleinerer Sträucher, bei denen besondere Vorsicht geboten war. Als wir uns einem dieser Sträucher näherten, hörten wir plötzlich ein surrendes Geräusch. Wir riefen einen der Schwarzen, der uns bei der Arbeit zuschaute, herbei. Dieser schrie daraufhin laut: *"Rattlesnake!",* rannte weg und kam sofort mit einem mit Buschmesser bewaffneten Kollegen zurück. Wie die Wilden hieben die beiden in das Gebüsch und ließen eine zerstückelte Schlange zurück, in deren Bauch ein kleines Kaninchen steckte. Dieses hatte die Schlange wohl von einem Angriff auf uns zurückgehalten. – Wieder einmal Glück gehabt?

Klapperschlangen waren in dieser Gegend sehr verbreitet. Andere Kameraden brachten gelegentlich getötete Schlangen mit ins Lager. Auch dafür hatten wir einen Spezialisten, der die Schlangen enthäutete und nette Andenken daraus anfertigte.

Langsam ging der Sommer zu Ende. Es war verhältnismäßig friedlich im Lager und unser Alltag nur von gelegentlicher Farmarbeit unterbrochen. So ging auch der Winter vorüber.

Die Repatriierung

Auf einmal wurden Gerüchte verbreitet, daß unsere Repatriierung bevorstehe. Und tatsächlich wurde unser Lager aufgelöst!

Auf Lastwagen wurden wir nach Greenwood Airbase verbracht. Der Kommandant des dortigen Lagers schüttelte nur den Kopf, als wir von unseren Erlebnissen im „Camp Elkas" berichteten. Wir hatten genügend Freizeit, die wir nach eigenem Belieben ausfüllen konnten. Ich nahm die Gelegenheit zum Tennisspielen wahr. Doch nach ein paar Wochen schon ging es zurück zum Hauptlager „Camp McCain".

Das Lager war nicht wiederzuerkennen: Während bei unserem vorherigen Aufenthalt hier alles in vorbildlicher Ordnung und Disziplin gewesen war, wimmelte nun alles durcheinander. Uniformen und Uniformteile von Eisenbahnern oder Straßenbahnschaffnern wurden da getragen. An dieses Bild mußten wir uns erst einmal gewöhnen. Wir selbst waren ja immer noch in Khaki-Uniformen eingekleidet, die allerdings jetzt schwarz gefärbt wurden. Auch einige ältere Männer befanden sich unter unseren neuen Kollegen, und deren Einstellung unterschied sich schon wesentlich von der unsrigen. Da sagte doch tatsächlich einer zu mir: *„Wenn wir jetzt in die Demokratie kommen, dann werde ich erst mal ordentlich Erdbeeren mit Schlagsahne essen!"*

Dagegen war ich freudig überrascht, als ich beim „Executive Officer" vorsprach und in seinem Amtszimmer sogleich von dort beschäftigten Kameraden freudig begrüßt wurde. Ja, mein Name war im Lager bekannt geblieben!

Der Leutnant Degenhard war von einem Leutnant Daggett abgelöst worden, der aber gerade nicht anwesend war. Sein Stellvertreter, dessen Name mir nicht erinnerlich ist, empfing mich sehr freundlich und ich merkte, daß hier ein angenehmes Arbeitsklima herrschte. Ich fragte ihn, ob ich für meine Tätigkeit als „Director of Studies", eine Bestätigung haben könne. Ja, ich solle ihm nur Angaben über meine Tätigkeit und Kenntnisse machen, erwiderte er. Als ich meine Sprachkenntnisse erwähnte, sprach er mich sogleich auf Französisch an, worauf ich natürlich fließend antworten konnte. Mein Italienisch überprüfte er, indem er mir einen in italienischer Sprache gedruckten Zeitungsartikel vorzeigte. Als ich auch diesen leicht ins Englische übersetzen konnte, staunte er doch. *„Und russisch?"* – *„Ja, aber nur kleine Konversation",* sagte ich.

Die Empfehlung, die er mir ausstellte, konnte wohl nicht günstiger sein. Dieses Zeugnis sollte mir 1947 sehr hilfreich sein, trotz sowjetischer Sperre, den Zuzug nach Westberlin zu erhalten.

Es dauerte nicht lange, da hieß es wieder Sachen packen. Dazu ertönte gleich eine Durchsage durch den Lautsprecher: *„Funkmaat Schneider, bitte im Office melden!"* – Man trug mir an, die Führung für den Transport zum „Camp Shanks" in New York zu übernehmen, und ich sagte zu.

Durch den Lautsprecher rief ich alle Namen auf, worauf die Kameraden in kleine Kolonnen eingeteilt wurden. Mit Autobussen ging es zur Bahn, und in erwartungsvoller Stimmung kamen wir im „Camp Shanks" in New York an. Wir trafen mit Kriegsgefangenen aus anderen Lagern zusammen, und die tollsten Gerüchte schwirrten durcheinander: Wir würden hier aufgeteilt, ein Teil ginge nach Frankreich, ein Teil nach Afrika und auch nach England, hieß es. Die verrückteste Parole aber war, die in der sowjetischen Zone Beheimateten würden im Hafen von Brest in Frankreich mit einem Sonderzug der Russen abgeholt und in ihre Heimat befördert werden.

War damit nun wieder ein neuer Lebensabschnitt beendet?

„Funkmaat Schneider, beim Captain Radway melden!" tönte es durch den Lautsprecher, kaum daß ich auf dem Fallreep hochgeklettert war. Wer hatte mich da wieder verpfiffen?

Ich stand sogleich einem jungen, sympathischen Offizier gegenüber, der mich freundlich aus seinen hellen Augen anblickte und sagte, daß ich ihm vorgeschlagen worden sei und daß er sich freue, falls ich die Aufsicht über meine Leute übernehmen würde. Dazu stellte er mir ein eigenes Büro mit Schreibmaschine zur Verfügung.

Wir verbrachten beide reichlich Zeit mit Erzählen und Diskutieren. Wir Deutschen würden immer den Fehler machen, stets nur an Riesenstädte und Wolkenkratzer zu denken, wenn wir von Amerika sprächen, sagte er. Aber nein, die hart arbeitenden Farmer und die Arbeiter in den Fabriken, diese seien das Rückgrat Amerikas!

Als wir auf Rassen und Kulturen zu sprechen kamen, berichtete ich ihm ausführlich, daß wir in Deutschland auch unterschiedliche Kulturen hätten. Zum Beispiel lebten in meiner näheren Heimatumgebung die Sorben und die Wenden, die bis auf den heutigen Tage ihre eigenen Sitten erhalten haben. Dies interessierte ihn sehr, auch wenn er mir absolut nicht glauben wollte, daß ich diese Kenntnisse bereits in der Volksschule vermittelt bekommen hatte und felsenfest behauptete, ich müsse doch studiert haben. In solch interessanter und angenehmer Gesellschaft fühlte ich mich natürlich wohl.

Als einmal Beschwerden wegen der Verpflegung erhoben wurden, nahm Captain Radway mich gleich mit, als er deswegen beim Verpflegungsverwalter vorsprach. Nach einigem Wortwechsel hatte er diese Angelegenheiten zufriedenstellend geregelt. *„Das ist wie bei unseren Truppentransporten per Schiff. Oft der gleiche Ärger!"* sagte er.

Ich erfuhr noch, daß unser Reiseziel Liverpool, England, war und erhielt die vertrauliche Mitteilung, daß zu unserem Transport eine Gruppe höherer deutscher Wehrmachtsoffiziere gehörte, die als Spezialisten wertvolle Aussagen über Waffensysteme gemacht hatten. Sie wurden streng isoliert von uns gehalten.

Auf der Pier von Liverpool war ein Tisch aufgestellt, an dem ich jeden Einzelnen nach einer Liste kontrollieren mußte. Captain Radway stand etwas abseits, nickte mir freundlich zu und war bald verschwunden. Nach ein paar Minuten kam er zurück mit einer Flasche Saft und einem Paket belegter Brote, die er mir als Belohnung für mein „good work" auf den Tisch legte. Er wünschte mir alles Gute. – Wie lange war es her, daß wir uns als Todfeinde hätten gegenüberstehen müssen?

Mit Autobussen wurden wir an eine Stelle gebracht, wo wir von schottischen Soldaten empfangen wurden. *„Gomm u'raus, gomm u'raus!"* riefen sie, als wir ausstiegen, und schlugen mit kleinen Stöcken auf uns ein. Das sah schlimm aus, weil sie sich dabei etwas übertrieben gebärdeten, bedeutete aber nur, daß sie sich Respekt verschaffen wollten, denn sie tupften uns mit den Stöcken nur leicht auf den Nacken. Ich lief aber sofort zu dem Offizier und bat um Auskunft über diese Behandlung, mit dem Hinweis, daß wir bei den Amerikanern korrekt behandelt worden seien. Er gab sofort Befehl, keine Stöcke mehr zu benutzen.

Am 30. April 1946 wurden wir in das „Lodge Moore Camp" – nach meiner Erinnerung bei Sheffield – überwiesen, wo wir drei Wochen verhältnismäßig isoliert verbrachten. Danach ging es am 20. Mai mit Autobussen zum „POW Camp No. 30" nach London.

Unser Teillager machte einen sauberen Eindruck. Wir wurden hier in Baracken untergebracht. Der Ton war allerdings etwas militärischer, als wir es von den Amerikanern gewohnt waren. Dies mußte ich gleich erfahren, nachdem wir zur Soldauszahlung angetreten waren. Ich hatte während unserer Gefangenschaft nie eine Kopfbedeckung getragen. Als ich nun vor dem Offizier als einziger ohne Mütze stand und grüßte, brauste er empört auf: *„Where is your hat!"* Der Lagerführer mußte sofort eine Mütze besorgen. Erst nach vorschriftsmäßiger Ehrenbezeugung erhielt ich meinen Sold.

Wir wurden zum Bau einer Siedlung mit Fertighäusern eingesetzt. Der Bauplatz war Teil eines Parks in Wanstead, einem Vorort Londons, wohin wir jeden morgen mit dem Bus gefahren wurden. Mir war wieder die Aufsicht als „Squadleader" zugeteilt worden. Zusammen mit einem Angestellten der Baufirma erhielt ich ein kleines Büro. Unser Vorgesetzter war ein ehemaliger Offizier; höflich, aber distanziert. Gelegentlich unterhielt er sich mit mir und zeigte mir einen Notizkalender eines deutschen Soldaten, woraus ich ihm einige Eintragungen übersetzen mußte. Woher er den Kalender hatte, erfuhr ich nicht.

Mit meinem neuen Arbeitskollegen war ich bald gut befreundet. Gut war auch das Verhältnis meiner Kameraden mit den englischen, besonders aber mit den irischen Kollegen. Längere interessante Unterhaltungen hatte ich mit dem Vormann, der die Aufsicht über alle Gerätschaften hatte. Er respektierte vor allem die deutsche Wehrmacht und betonte ihre Tapferkeit und Pünktlichkeit. *„Wenn die deutsche Propaganda den Zeitpunkt eines Luftangriffs auf London vorausgesagt hatte, und du hörtest das erste Brummen der deutschen Flieger, dann konntest du deine Uhr danach stellen!"* erzählte er mir.

Einmal lud mich einer der Lastwagenfahrer zum Mitfahren ein, was eigentlich nicht erlaubt war. Nachdem wir durch halb London gefahren waren, besuchte er mit mir eine italienische Gastwirtschaft, wo er mich der Wirtin vorstellte und mir einen Imbiß servieren ließ.

Unsere Mannschaft, darunter auch Fachleute, leistete eine anerkannt gute Arbeit beim Bau der Siedlung. Nach einiger Zeit jedoch beschwerten sich einige Kameraden, daß nach der oft schweren Arbeit das Abendessen nicht ausreichte und sie hungrig zu Bett gehen mußten. Für solche Beschwerden war aber unser Teillager nicht zuständig. So entschloß ich mich, einen Brief an den Kommandanten des Hauptlagers in London zu schreiben. Ich hatte da keine Bedenken, das war eben meine Art.

Ich gab meinen Brief unserem Vormann Jack zu lesen, um seine Meinung darüber zu erfahren. Er las ihn aufmerksam und nickte dabei, wie bestätigend mit dem Kopf. *„That's a great letter!"* (Das ist ein großartiger Brief!), meinte er. *„Wir sind eine Demokratie, und deshalb schickst du den Brief an den Kommandant!"*

Da einer unserer Fahrer Verbindung zur Lagerkommandantur hatte, versprach er, den Brief dorthin zu befördern.

Zwei Tage später, als ich gerade allein im Office saß, hielt plötzlich ein Jeep mit zwei Militärpolizisten. Mein Name wurde gerufen. Also stieg ich ein, und los ging es durch mehrere Straßenzüge zu einem großen Gebäude. In der Vorhalle wurde ich mit dem verwundert dreinblickenden deutschen Lagerführer bekanntgemacht.

„Hast du eine Mütze?" – *„Nein...!"*

Also wurde erst eine Mütze besorgt.

Durch eine hohe Tür trat ich in einen großen Raum ein. Vor mir saß an einem Pult der Kommandant, Lieutenant Colonel Haswell, und musterte mich eingehend. Nach meiner diesmal zackigen Ehrenbezeugung forderte er mich auf, vor ihm Platz zu nehmen. Er sprach in ruhigem, freundlichem Ton und fragte mich – sehr zu meiner Überraschung – nach meinen persönlichen Erlebnissen. Ich hatte kurz zuvor eine Nachricht von Anita erhalten, daß unsere Tochter Anke an Hirnhautentzündung erkrankt war, aber trotz Schwierigkeiten bei der Beschaffung von Arzneimitteln gerettet werden konnte. Der Kommandant sprach sein Bedauern darüber aus.

Danach erst kamen wir kurz auf den Inhalt meines Briefes zu sprechen. Ich betonte, daß alle Gefangenen in gutem Einvernehmen mit den zivilen Arbeitern sorgfältige Arbeit leisteten. Ja, er sei über das gute Verhältnis unterrichtet und wolle versuchen, unsere Verpflegung zu verbessern.

Ich muß gestehen, daß mir die ganze Situation etwas unwirklich vorkam. Hatte ich tatsächlich auf diese Art, wie ich das Anliegen vorgebracht hatte, solch einen Erfolg erzielt?

Nachdem Lieutenant Colonel Haswell mir alles Gute, besonders für meine Familie, gewünscht hatte, verabschiedeten wir uns. Ein paar Tage darauf wurde bekanntgegeben, daß wir von jetzt ab abends eine zusätzliche warme Mahlzeit erhalten würden. Der Kommandant hatte eigens dazu einen Vertrag mit einer Fischhandlung abgeschlossen, wie er uns wissen ließ!

An einem sonnigen Juniabend, während eines Handballspiels, wurde mein Name gerufen, und wieder hieß es: *„Sachen packen!"* Bereits am nächsten Tag sollte meine Versetzung zum Repatriierungslager nach Colchester erfolgen!

Ich als Einziger? Das kam völlig unerwartet! Ich wußte sofort, wem ich das zu verdanken hatte. Mich jetzt dafür zu bedanken, wäre aber unpassend gewesen, da ich ja noch gar nicht in Deutschland war.

Etwa ein Jahr später, als ich wieder in Löwenberg, in der damaligen Sowjetzone, war, schrieb ich – über eine Deckadresse in Westberlin – einen Brief an Lieutenant Colonel Haswell, bedankte mich für sein freundliches Entgegenkommen und bat um eine Bestätigung für meine Tätigkeit im Lager, da ich diese für eine Zuzugsgenehmigung in den Westsektor von Berlin gut gebrauchen könne. – Umgehend erhielt ich seine Antwort. Darin stand unter anderem: *„(Werner Schneider) hat viel getan, um die Lage für seine Mitgefangenen zu verbessern."*

Nun war ich also von all meinen bisherigen Kameraden getrennt. Um so überraschter war ich, als ich in Colchester im Krankenrevier zwei Kameraden von „Camp McCain" und „Camp Elkas" wiedertraf. Ich sollte hier untersucht werden, da für Repatriierung ein maßgeblicher Grund vorhanden sein mußte. Ich wußte davon nichts, und so stand ich auf einmal vor einem Arzt, der dauernd nur den Kopf schüttelte, wenn ich auf sein Befragen von meinen harmlosen Krankheiten erzählte. Unser deutscher Arzt und mein Kamerad, der Dienst im Krankenrevier tat, standen dabei und blickten mich verzweifelt an. Ich hätte doch für meine Repatriierung einfach nur ein paar richtige Stichworte zu sagen brauchen! Also keine Repatriierung?

Die nächsten Wochen verrichtete ich verschiedene Arbeiten mit meinen beiden neuen Freunden im Krankenrevier. In der freien Zeit gab es reichlich Unterhaltung mit Konzert, Theater und Gesellschaftsspielen.

Ohne nochmalige Untersuchung konnte ich Anfang November 1946 auf ein Schiff klettern und die langersehnte Heimreise antreten! Ich besorgte rasch noch ein paar Kleinigkeiten zum Verschenken. Auch hatte ich mir vom Lagerschneider eine auf Taille zugeschnittene Jacke anfertigen lassen. Mit dieser erregte ich sogar einiges Aufsehen im Lager! Der Lagerführer meinte: *„Weißt du, Schneider, wir wollen niemanden nach Hause gehen lassen, wenn er nicht anständig angezogen ist."*
Der letzte Teil meiner Gefangenschaft hätte kaum besser verlaufen können. Nun eilten meine Gedanken voraus. Wunschbilder entstanden vor meinem inneren Auge, und das unbedingte Verlangen meine Lieben wiederzusehen – und besonders mein Töchterchen Anke zum ersten Mal in meinen Armen halten zu können – wurde immer stärker.

Der ständigen Verantwortung für meine Kameraden war ich nun ledig geworden. – Denkste! Kaum war ich an Bord, wurde wieder mein Name gerufen, und ein Offizier fragte mich, ob ich die Anleitungen für den Transport bekanntgeben wolle. Eine Kabine mit Tisch und Mikrofon wurde mir zugewiesen. Dazu brachte er mir Kaffee und Zigaretten. Ich hatte die Vorschriften zu übersetzen und gelegentliche Anordnungen durchzugeben. Wie stets, verlief alles zufriedenstellend.
Überraschend traf ich auf der Überfahrt meinen Freund Werner Schuch, der mit mir im „Camp Mc Cain" und im „Camp Elkas" gewesen war. Da ich nicht wußte, wie ich über die Zonengrenze nach Leipzig kommen sollte, lud er mich ein, mit zu seinen Eltern nach Bonn zu kommen. Sein Vater hatte einen abgeschossenen englischen Flieger aus Seenot gerettet und konnte seinen Sohn deshalb auf ein Gesuch hin früher aus der Gefangenschaft freibekommen. Familie Schuch nahm mich sofort herzlich auf. Der Vater besorgte mir umgehend bei einem russischen Dolmetscher einen selbstgemachten Paß in russischer Sprache mit Stempel. Der Dolmetscher gab mir dazu noch den guten Rat, mich nicht zu rasieren und beim Grenzübertritt frei auf den Posten zuzugehen und den Paß zu zeigen.
Mit der Bahn fuhr ich im vollbesetzten Zug zur Zonengrenze nach Ellrich. Dann mußte ich mit gepackten Koffern zu Fuß weiter auf der Landstraße über die Grenze. Ich hatte so einiges gehört über üble Vorkommnisse beim Grenzübertritt, und so war meine Hoffnung, mitsamt dem Koffer heil über die Grenze zu kommen, sehr gering.
Links der Straße erstreckte sich ein ausgedehntes Feld. In gut einhundert Metern Entfernung sah ich dort einen russischen Soldaten in kniender Stellung auf einen älteren Mann schießen, der weiter entfernt mit Sprüngen über kleinere Büsche zu entkommen suchte. Gott sei Dank, gab der Russe seine Zielübungen auf, als er mich entdeckt hatte.
Wenn auch die Situation nun eine recht brenzlige war, so wartete ich doch innerlich ruhig ab, was nun geschehen würde. Mein Gegenüber war gut einen Kopf kleiner als ich, etwas pausbackig, und ehe er etwas sagen

konnte, hob ich schnell den Paß hochgestreckt ihm entgegen.

Der Russe nahm den Paß, blickte mich groß an und begann dann, mir den Text vorzulesen. Ich merkte, daß er mir damit imponieren wollte. Dazu drehte er auch den Paß im Kreis herum, als er mir den Text des Stempels vorlas. Danach blickte er mich triumphierend an, während ich beifällig mit dem Kopf nickte.

„*Wo du gehen?*" fragte er.

„*Doma!*" (Nach Hause!) antwortete ich.

Er lachte: „*Nein, du gehen Frau!*" Das war wohl das wichtigste für ihn. Meinen Koffer beachtete er nicht, und so konnte ich doch etwas erleichtert weiterziehen.

Am Bahnhof angekommen, bot sich mir ein Bild dessen, was mich nun in der Sowjetzone erwarten würde. Auf dem Bahnsteig stand eine dichtgedrängte Menschenmenge, aus der ich reichlich unliebsame Äußerungen zu hören bekam. Aufgrund meiner körperlichen Verfassung hatte ich keine große Mühe, mich bis an die Schienen heranzuschieben.

Als der Zug einlief, kam die Menge dann in Bewegung und ein Drängeln, Stoßen und Schimpfen setzte ein. Ich bemerkte, wie eine junge Frau, etwa meines Alters, versuchte bei mir zu bleiben. Ich bedeutete ihr, sich dicht hinter mir zu halten. Als wir ein Abteil erreichten, ließ ich sie vor mir einsteigen, blieb aber selbst, wie einige andere Männer auch, auf dem Trittbrett stehen, da wir Frauen und Kinder zuerst einlassen wollten.

Es war dunkel geworden, und ich hielt, auf einem Puffer stehend und mich an einem greifbaren Vorsprung festhaltend, die Fahrt bis Nordhausen durch. Das Unangenehme war, daß immer wieder glühende Kohleteilchen der Lokomotive auf meinen Mantel flogen, weil in der Sowjetzone die Züge mit Braunkohle geheizt wurden.

Der Bahnhof Nordhausen war in völlige Dunkelheit gehüllt, und nur wenige Menschen bewegten sich auf dem Bahnsteig. So entschloß ich, mich mit meiner Begleiterin, in unsere Mäntel gehüllt, auf den Bahnsteig zu legen und versuchte, etwas Schlaf zu finden.

Im gut besetzten Zug fanden wir dann in einem Abteil zwei Sitzplätze. Nun erfuhr ich auch von meiner Begleiterin den Zweck ihrer abenteuerlichen Reise. Sie kam aus Süddeutschland und fuhr nach Chemnitz wegen einer Fabrik, in der wohl als einziger die damals so begehrten Nylonstrümpfe hergestellt wurden. – Und dafür eine so kostspielige und gefährliche Reise?

Es war noch dunkel, als wir auf dem Leipziger Hauptbahnhof aus dem Zug stiegen. Wir hatten uns gerade noch gegenseitig Glück gewünscht und uns verabschiedet, da steuerte ein junger Russe in Zivil auf mich zu und schnarrte mich an: „*Kamer-rad, wo Per-ron Alten-burrg?*" Ich war sehr überrascht, daß ich, kaum angekommen, mit einem Russen auf kameradschaftlicher Basis zu stehen schien. Also mußte doch wohl ein einigermaßen verträgliches Verhältnis zwischen deutscher und russischer Zivilbevölkerung bestehen? Ich zeigte auf Bahnsteig 2 und sagte: *„Dwa (zwei), Peron Altenburg."* Er nickte nur und lief weg.

Das Wiedersehen mit meiner Mutter war trotz aller Freude geprägt von den drückenden Zuständen, die nunmehr vorherrschten. Die ersten Nachrichten waren niederschmetternd. Mein Vetter Eckard Pusch war in Rußland gefallen. Die beiden Söhne von Onkel Kurt, Kurt und Max Schneider, waren ebenfalls gefallen. Die Freundin meiner Mutter, von Baumgarten, wurde wahrscheinlich von Russen mitgenommen, und ihre Tochter Dagmar war im russischen Konzentrationslager verschollen.

So machte ich mich am späten Nachmittag des nächsten Tages in sehr gedämpfter Stimmung auf zur endlich letzten Etappe nach Löwenberg. In Berlin mußte ich dreimal umsteigen, um nach Oranienburg zu gelangen, da der Nord-Süd-Tunnel unter Wasser stand. Weder mit der Bahn noch mit dem Bus hatte ich weiteren Anschluß nach Löwenberg bekommen können. Also entschloß ich mich, die letzten 18 Kilometer bis Löwenberg zu laufen. In völliger Dunkelheit – es war gerade wieder Stromsperre und gab also keine Elektrizität für Haushalte und Geschäfte – lief ich noch einmal mit großen Schritten auf der Landstraße nach Löwenberg, ohne irgend jemandem zu begegnen.

Bei der Bäckerei Hennig angekommen, klopfte ich ans Wohnzimmerfenster – keine Antwort! Ich kletterte deshalb über das Hoftor und wurde sofort mit lautem Gebell von meinem Spitz „Sidi" empfangen. Er hatte mich nach fast zwei Jahren gleich wiedererkannt und sprang, völlig außer sich vor Freude, an mir empor!

Die Tür wurde geöffnet.

Ich streckte die Arme aus: *„Ja, da bin ich!"*

Ein kurzes zurückhaltendes gegenseitiges Anblicken – und endlich die langersehnte Umarmung!

* * *

Dokumente meiner Kriegsgefangenschaft

```
                    ARMY SERVICE FORCES
                   FOURTH SERVICE COMMAND
                         SCU 1462
                    Prisoner of War Camp
                   Camp Mc Cain, Mississippi       JDD: iac/ob
                                                  20 February 1946
```

TO WHOM IT MAY CONCERN :

          SCHNEIDER, Werner   ISN: 5 G 492 NA

          This certifies that Prisoner of War SCHNEIDER, Werner has been at Camp Mc Cain, Mississippi since June 1944. Since July 1944 his duties were chiefly those of teacher and Director of Studies under the Intellectual Diversion Program.

          Prisoner of War Werner Schneider is well educated. He speaks, reads and writes English, French, Italian, Russian and Spanish fluently. He is intelligent, trustworthy, diligent and cooperative. His behavior as a Prisoner of War has been exemplary.

          For his help in furthering the Intellectual Diversion Program, for his democratic beliefs and for the reasons noted above, Prisoner of War Werner Schneider is commended and recommended without reserve.

John D. Daggett
JOHN D. DAGGETT
1st Lieut., Inf.
Assistant Executive Officer

HEADQUARTERS
S.S. PITTSTON VICTORY
OFFICE OF THE TRANSPORT COMMANDER

29 April 1946

To whom it may concern;

    On the current voyage from New York to Liverpool, P.O.W. Werner Schneider 5G - 492 - NA, served as principal interpreter to the transport staff of the vessel. He has an excellent command of English and fulfilled his duties in a highly intelligent and courteous manner.

    It is believed that P.O.W. Schneider's linguistic abilities will be highly useful to officers under whom he subsequently serves.

LAURENCE RADWAY
CAPT., TC
TRANSPORT COMMANDER

To whom it may concern.

P.o.W.No. D 340 303,
F. Maat Schneider Werner.

The a/m P.o.W. was employed as interpreter in the Document Office of this Camp Reception Station from 2nd September till 6th November 1946.
He was found to be an exact and skillful labourer, who discharged his duties thoroughly and satisfactorily.

Signed: ....J. McDowal.....
Capt. RAMC.

Camp Reception Station
186, P.o.W. Camp,
Berechurch Hall,
Colchester, Essex.

6th November 1946.

To : Whom it may Concern.

        Werner Schneider who was a Prisoner of War in the Camps under my Command was employed as an Interpreter to Working Squads, and as a Teacher at Evening Classes in the Camp. He was at all times industrious and a willing worker, and helped a lot to improve conditions for his fellow prisoners.

Stratford E.15
30 December.1946.

                Richard H. Haswell
                                 Lt.Col.R.A.,
        Commandant 30 German P.W.Working Camp.

Nachwort

"Da muß ich mal meinen Opa holen", hörte ich meinen Enkel Byrne am Telefon sagen.

"Bist Du Werner Schneider?" tönte es mir entgegen. Es war Paul Tenholt, der mich nach nahezu 50 Jahren ausfindig gemacht hatte!

In seinem schönen Heim in Deutschland feierten wir später mit unseren überlebenden Kameraden und deren Frauen in festlicher Stimmung ein rührendes Wiedersehen. So kam auch der Kontakt mit meinem Funkkameraden Walter Blum und bei einem weiteren Treffen mit meinen überlebenden Kameraden von „U-371", Fenski, wieder zustande. Mit diesen Kameraden konnten noch drei weitere Treffen stattfinden.

Nach vielen Bemühungen mittels Telefon und Briefverkehr gelang es mir, einige unserer ehemaligen Gegner, nämlich den Richtschützen John Dohr vom US-Zerstörer „Campbell", den UPI-Reporter des US-Zerstörers „Menges", Art Green, und den Reporter des US-Magazins „Navy Times", Brian Whetstine, zu unserem Treffen in Baunatal im Juni 1996 einzuladen.

Ein Höhepunkt bei diesem Treffen war die von mir verlesene Grußbotschaft des ehemaligen Kommandanten des US-Zerstörers „Pride", Captain Ralph Curry, in der er am Ende sagte: *"Ich habe höchsten Respekt vor Captain Fenski und Euch, seiner harten und tapferen Mannschaft. (...) Wir waren Feinde im Krieg, aber nun laßt uns zusammen in Freundschaft und Frieden feiern! – I salute you!"*

Heute, in unserer so turbulenten Zeit, geben mir all diese Erlebnisse einen gewissen inneren Halt und die Hoffnung, daß die verantwortlichen Staatsmänner einen Weg finden mögen, einen Ausweg auf Basis der Vernunft herbeizuführen.

Greetings!   4 MAY 1996

    It is now more than fifty years since we met that fateful May day off Algiers in the Mediterranean Sea. At that time we were adversaries at war, professional sailors doing their duty in a tough, no-holds-barred fight to the finish. We went to sea dutifully, as we were ordered, ready for action and well aware of the difficulty, danger, and death that awaited just beyond sight of land. Those far-off days were not easy, but we were young then, and we each bore the terrible hardship of war in the hope we would soon return in peace to our homelands, our towns, and to the families we loved. Indeed, I believe these two strands tie all seafaring men together: the loneliness of duty at sea and the longing to go home.

    So we met that faraway day in May on the warm Mediterranean off a Barbary coastline that had witnessed sea battles long centuries before we ever sailed there. And there, over the wrecks of the ages and midst the ghostly complement of unnumbered captains and mates, petty officers and apprentice seamen, my ship, the USS PRIDE (CG)(DE-323), the USS JOSEPH E. CAMPBELL (DE-70), USS SUSTAIN (AM-119), HMS BLANKNEY, French destroyer L'ALCYON, and French destroyer escort SENEGALAIS fought you in an exhausting 27 hour battle. Each of us strained to win this deadly game of wit and skill and, while the U-371 may have been sent to the bottom tragically taking three of her crew with her, I am glad to see U-371's spirit remains buoyant and is so closely guarded by those of her crew that remain to cherish both her memory and the memory of their fallen comrades.

    If I were able now to speak with your late Commanding Officer, Oberleutnant zur See Horst-Arno Fenski, I would say, "Sir, you sure gave us quite a chase!" I have nothing but the highest respect for Captain Fenski and you, his tough, valiant crew. You gave it your all.

    On behalf of the Coastguardsman of the USS PRIDE I would like to extend my heartiest congratulations and warmest regards to the crew of the U-371 on this the occasion of your 52nd year reunion. We all have grown older these many, long years, and, I trust, wiser, too. We were enemies at war, but now let us celebrate our friendship in peace! I salute you!

CAPT R.R. Curry, USCG (Ret)
Commanding Officer,
USS PRIDE (CG)(DE-323)

Danksagungen

Meinen Dank möchte ich aussprechen:

Paul Tenholt, Obergefreiter auf „U-431"

Heinz Appelt, Bootsmaat auf „U-371"
Helmut Höher, Maschinenmaat auf „U-371"
Gerhard Peters, 1. Wachoffizier auf „U-371"
Willi Weppler, Maschinenobergefreiter auf „U-371"

John Dohr, Fire Control Man auf US-Zerstörer „Campbell"
Art Green, UPI-Reporter auf US-Zerstörer „Menges"
Brian Whetstine, Reporter für die „Navy Times"

Meinen beiden Enkeln:
Byrne Schneider, Halifax, NS, Kanada
Damien Schneider, St. Catharines, ON, Kanada

sowie allen Kameraden und deren Frauen,
die zu unseren Treffen so viel beigetragen haben.

www.ingramcontent.com/pod-product-compliance
Lightning Source LLC
Chambersburg PA
CBHW032215230426
43672CB00011B/2565